KB126699

남양대관
南洋大觀
2

일본 동남아시아 학술총서 03

南洋大觀

남양대관 2

야마다 기이치 저 ― 김보현 역

보고사
BOGOSA

　　2017년 '한국-아세안 미래공동체 구상'을 중심으로 하는 한반도 '신남방정책' 발표와 다음해 정부의 신남방정책특별위원회 설치는 아세안(동남아시아 10개국)과 인도 지역의 급속한 경제적 성장과 미래의 잠재력을 염두에 둔 정책 아젠다였다. 물론 이러한 선언은 이 지역이 세계 경제의 성장엔진이자 블루오션으로 떠오르고 있다는 인식과 그 지정학적 중요성에 바탕을 둔 정책이며, 나아가 이 지역에서 상호 경쟁을 벌이고 있는 일본과 중국의 동남아시아 정책을 의식한 것이기도 하였다.

　　왜냐하면 일본과 중국도 오히려 한국보다 훨씬 앞서 다양한 형태의 '남방정책'을 추진하여 이들 지역에 대한 경제적, 정치적, 문화적 영향력을 확대해 왔기 때문이다. 태평양전쟁 기간 중 이른바 '대동아공영권' 구상을 통해 동남아시아 및 남태평양(남양) 지역을 침략하여 군정(軍政)을 실시하였던 일본은 패전 후 동남아시아 각국에 배상이라는 장치를 통해 오히려 금융, 산업, 상업 방면에 진출하여 패전국이면서도 이 지역에 대한 영향력을 확대해 왔다. 2018년을 기준으로 아세안 직접투자가 중국의 2배, 한국의 6배 이상을 차지하는 일본은 2013년 '일본-아세안 우호 협력을 위한 비전선언문', 2015년 '아세안 비전 2025'를 통해 이 지역 내 중국의 영향력을 견제하고 일본의 대외정책의 지지기반 확대와 경제협력을 확대하고 있다. 동남아시아 지역과 국경을 접하고 있는 중국은 2003년 아세안과 전략적 동반자 관계를 맺은이후 정치안보와 경제, 사회문화 공동체 실현을 추진하고 2018년 '중국-아세안 전략적 동반자 관계 2030 비전'을 구체화하였으며 '일대일로' 전략을 통해 아세안에 대한 영향력을 강화하고 있다. 이와 같이한·중·일 동아시아 3국은 아세안+3(한중일) 서미트를 비롯하여 이 지역과 협력을 하면서도 격렬한 경쟁을 통해 각각 동남아시아 지역에정치적, 외교적, 경제적, 문화적 역량을 집중하고 있다.

동남아시아 지역의 중요성이 부각되고 한국의 신남방정책 추진에즈음하여 2018년과 2019년에 정부 각부서와 국책연구소, 민간 경제연구소 등에서는 한국의 신남방정책 관련 보고서가 다량으로 간행되는 가운데, 2017년 한국 정부의 '신남방정책' 선언 이후 일본의 사례를참조하여 그 시사점을 찾으려는 논문이 급증하고 있다. 나아가 근대기 이후 일본의 남양담론이나 '남진론(南進論)' 관련 연구, 그리고 일본과 동남아시아의 관계사나 경제적 관계, 외교 전략 관련 연구는 2000년대 이후 개시하여 2010년대에 이르러 활발하게 연구가 이루어지고있다. 그럼에도 불구하고, 정작 한국 사회와 연구자가 필요로 하는동남아시아에 관한 일본의 학술서나 논문, 보고서 등 자료의 조사와수집은 물론 대표적인 학술서의 번역이 거의 이루어지지 않았다고 할수 있다.

따라서 고려대 글로벌일본연구원에서는 근대기 이후 동아시아 국가 중에서 동남아시아 지역에 대해 가장 먼저 관심을 가지고 대외팽창주의를 수행하였던 일본의 동남아시아 관련 대표적 학술서를 지속적으로 간행하고자 '일본 동남아시아 학술총서'를 기획하게 되었다.

이에 고려대 글로벌일본연구원은 먼저 일본의 동남아시아 및 남태평양 지역과 연계된 대표적 학술서 7권을 선정하여 이를 8권으로 번역·간행하게 되었다.

제1권인『남양(南洋)·남방의 일반개념과 우리들의 각오(南方の一般槪念と吾人の覺悟)』(정병호 번역)는 남진론자(南進論者)로서 실제 동남아시아 지역에서 실업에 종사하였던 이노우에 마사지(井上雅二)가 1915년과 1942년에 발표한 서적이다. 이 두 책은 시기를 달리하지만, 동남아시아 지역의 역사와 문화, 풍토, 산업, 서양 각국의 동남아 지배사, 일본인의 활동, 남진론의 당위성 등을 상세하게 기술하였다. 제2권·제3권인『남양대관(南洋大觀) 1·2』(이가현, 김보현 번역)는 일본의 중의원 의원이자 남양 지역 연구자였던 야마다 기이치(山田毅一)가 자신의 남양 체험을 바탕으로 1934년에 간행한 서적이다. 본서는 당시 남양 일대 13개 섬의 풍토, 언어, 주요 도시, 산업, 교통, 무역, 안보 및 일본인의 활동을 사진과 함께 상세하게 소개하고 있다. 이 책은 기존의 남양 관련 서적들과 달리 남양의 각 지역을 종합적으로 대관한 최초의 총합서라는 점에서 그 의의가 있다.

제4권『신보물섬(新寶島)』(유재진 번역)은 탐정소설가 에도가와 란포(江戶川亂步)가 1940에서 41년에 걸쳐 월간지『소년구락부(少年俱樂部)』에 연재한 모험소설이다. 이 소설은 남학생 세 명이 남태평양의 어느 섬에서 펼치는 모험소설로서 여러 역경과 고난을 이겨내고 마침내 용감하고 지혜로운 세 일본 소년이 황금향을 찾아낸다는 이야기인데, 이 당시의 '남양'에 대한 정책적, 국민적 관심이 일본 소년들에게도 미치고 있음을 잘 보여주고 있다. 제5권인『남양의 민족과 문화(南洋の民族と文化)』(김효순 번역)는 이토 겐(井東憲)이 1941년 간행한 서적이다.

이 책은 태평양전쟁 당시, '대동아공영권' 구상을 뒷받침하기 위해 일본과 남양의 아시아성을 통한 '민족적 유대'를 역설하고 있다. 방대한 자료를 통해 언어, 종교 등을 포함한 남양민족의 역사적 유래, 남양의 범위, 일본과 남양의 교류, 중국과 남양의 관계, 서구 제국의 아시아 침략사를 정리하여, 남양민족의 전체상을 입체적으로 그려내고 있다.

제6권인『남양민족지(南洋民族誌)』(송완범 번역)는 일본의 평론가이자 전기 작가인 사와다 겐(澤田謙)이 1942년에 간행한 서적이다. 이 책은 당시 일본인들의 관심 사항인 남양 지역의 여러 문제를 일반 대중들에게 쉬운 문체로 평이하게 전달하려고 한 책인데, 특히 '라디오 신서'로서 남양을 '제국일본'의 병참기지로 보는 국가 정책을 보통의 일본 국민들에게 간결하고 평이하게 전달하고 있다. 제7권인『나카지마 아쓰시(中島敦)의 남양 소설집』(엄인경 번역)은 1942년에 간행한 남양 관련 중단편 10편을 묶어 번역한 소설집이다. 나카지마 아쓰시가 남양 관련 작품을 창작하고 발표한 시기는 태평양전쟁의 확산 시기와 겹친다. 스코틀랜드 출신 소설가 R.L.스티븐슨의 사모아를 중심으로 한 폴리네시아에서의 만년의 삶을 재구성하거나, 작가 자신의 팔라우 등 미크로네시아 체험을 살려 쓴 남양 소설들을 통해 반전 의식과 남태평양 원주민들을 바라보는 독특한 시선을 느낄 수 있다.

제8권인『남방 제지역용 일본문법교본 학습지도서(南方諸地域用日本文法教本學習指導書)』(채성식 번역)는 태평양전쟁의 막바지인 1945년에 남방지역에 대한 일본어교육 및 정책을 주관한 문부성이 간행한 일본어 문법 지도서이다. 언어 유형론적으로 일본어와 다른 언어체계를 가진 남방지역의 원주민을 대상으로 당시 일본어교육 현장에서 어떠한 교수법과 교재가 채택되었는지를 본서를 통해 엿볼 수 있다.

이들 번역서는 메이지(明治)시대 이후 남양으로 인식된 이 지역에 대한 관심과 대외팽창주의를 잘 보여주고 있으며, 이 지역의 역사, 문화, 풍토, 산업, 서양과의 관계, 남진론 주장, 언어 교육, 일본인들의 활동, 지리 등을 잘 보여주고 있다. 이 '일본 동남아시아 학술총서'는 메이지 유신 이후 동아시아의 근대화를 주도하고 주변국의 식민지배와 세계대전, 패전이라는 굴곡을 거치고도 여전히 동아시아에 막대한 영향력과 주도권을 행사하는 일본이 지난 세기 일본이 축적한 동남아시아에 대해 학지를 올바로 파악하는 데 도움을 줄 것으로 생각한다. 또한 다양한 분야에 본 총서가 기초자료로 활용함으로써 동남아시아 관련 후속 연구를 가능하게 할 것으로 기대하며, 이를 통해 신남방 시대의 학술적 교두보를 구축하는 데에 도움이 되기를 기대하는 바이다.

특히 어려운 환경에도 불구하고 이 총서간행을 기꺼이 맡아주신 도서출판 보고사의 김흥국 사장님과 꼼꼼한 편집을 해 주신 박현정 편집장을 비롯한 편집팀에게 감사한 마음을 전하고 싶다.

2021년 2월
고려대 글로벌일본연구원
〈일본 동남아시아 학술총서〉 간행위원회

일러두기

1. 고유명사의 경우 처음 나왔을 때 ( ) 안에 영어 혹은 원서를 기준으로 표기하였다. 단, 일본어 이외의 원어를 확인할 수 없는 경우에는 원서를 기초로 ( ) 안에 일본어 표기하였다.

2. 표기는 확인이 가능한 범위에서 한글, 영어 외 로마자, 한자의 순으로 작성하였다.

3. 역사적 고유명사의 경우 기본적으로 현대 지명으로 표기하였다. 단, 역사적 고유명사의 표기가 꼭 필요한 경우 처음 나왔을 때 각주로 설명을 추가하였다.

   (예) 新嘉坡는 싱가포르로 표기.

   　　 暹羅은 시암으로 표기하고 처음 나왔을 때 각주에서 설명.

   (1) 일반적 현대어는 위키백과 〉 구글 지도 〉 네이버 오픈 사전(국어사전, 지식백과)〉 (검색이 되지 않을 경우) 원서를 기초로 하였다.

   (2) 역사적 고유명사나 같은 단어라도 발음이 다른 경우 일반적 현대어로 작성하였다.

4. 부족명, 어족명, 지명 등의 고유명사는 띄어쓰기 없이 작성하였다.

   (예) 카나카족, 사이판섬

5. 각주는 기본적으로 역자주이다.

목차

네덜란드령 동인도

현세 개관

1. 지리, 면적, 지세

네덜란드령 동인도는 큰 순다섬, 작은 순다섬, 몰루카 군도 및 동경 141도까지 뉴기니를 포괄하는 대 군도를 가리킨다. 면적은 실로 190만km에 이르며, 네덜란드 본국의 60배에 상당하는 지역으로 인구 약 6천만에 달하고 있다.

영유 이래 300년, 그 사이 세력의 성쇠가 있었으나 네덜란드 여왕은 현재 이들 여러 섬과 작은 섬의 통치 최고권을 잡고, 대리인으로 총독을 자와 바타비아에 주재시키고 있다. 네덜란드는 통치상 이를 2등분하여 하나는 자와 및 마드라, 나머지를 외령이라고 있으며, 양자 사이에는 토지제도와 관세 제도에 다소 다른 점이 있다.

네덜란드령 동인도의 지세를 대관하면, 보르네오섬 및 뉴기니섬을 제외하고 나머지는 전부 화산 지대이다. 그 화산계는 수마트라섬 북서단에서 시작하여 서해안을 따라 남쪽으로 뻗어있다. 자와의 중앙

남부를 옆으로 관통하여 작은 순다섬에 이르러 구멘아피섬의 끝에서 북으로 꺾이고 트르나테, 할마헤라의 화산 열도를 시작으로 서쪽으로 꺾여 술라웨시섬의 북단 미나하사섬 지방의 화산이 된다. 거기에 북쪽으로 뻗어 산기르 열도를 거쳐 멀리 필리핀의 민다나오섬에 이르고 있다. 한편 보르네오섬의 산맥은 동북단에서 시작하여 서남으로 뻗어 남방에 2등분 된 북부는 이란 산맥, 남부는 카부파텐 산맥으로 사라와크 왕국과 네덜란드령과 경계가 되고 있다. 술라웨시섬은 그 섬 나름으로 중앙 산맥이 있고, 뉴기니섬 산맥은 동서로 뻗은 높은 봉우리들이 솟아 있으며 산 정상은 항상 눈으로 덮여 있다.

하천은 자와와 술라웨시를 흐르는 것은 그 지형상 매우 짧아 배와 뗏목의 편의가 부족하지만 수마트라와 보르네오에 있는 것은 연장을 크게 하여 선박의 항행에 적합해 각각 섬 안의 교통수단이 되고 있다. 보르네오는 산악이 대체로 중앙부에 있기 때문에 해안 근처 일대는 지대가 낮으나 자와와 수마트라는 산맥이 섬의 중앙을 피해 있다. 특히 수마트라에는 서해안 가까이로 뻗어 있어 인도양 해안 일대는 산악 중첩의 모습을 나타내고 동해안은 황막한 평지를 드러내고 있다. 자와의 북쪽 해안은 저지대이지만 남해안은 험한 낭떠러지로 물이 깊어서 늘 파도가 떠들썩하다.

2. 네덜란드의 국정과 평화 정책

동인도 여러 섬에 대한 네덜란드의 통치책은 가장 더없이 교묘한 것으로 성공을 주장하고 있는데, 거기에는 동인도 여러 섬의 본국에 대한 경제적 중요성과 네덜란드 본국의 국정에 연원하는 것이 많다.

먼저 경제적 중요성으로 영국, 프랑스, 아프리카 등은 그 본국 또는 세계에 걸친 속령(屬領)의 광대한 지역을 가지고 있는데 이것과 비교하면 남양의 속령은 그다지 중요성을 띠고 있지 않다. 게다가 영국령 동인도는 네덜란드 본국의 60배에 상당하는 지역을 가지고 있다. 네덜란드는 이것의 일대가 되어서야 비로소 세계 경제계에서 현 위치를 점할 수 있기 때문에 동인도 여러 섬의 네덜란드 본국에 대한 경제적 중요성은 본디 영국, 미국, 프랑스에 비할 바가 아니다.

네덜란드 본국은 인구 750만, 매년 증가율이 약 10만이라고 하는데 이 협소한 국토에 이만큼의 국민을 수용할 수 있는 것은 쉬운 일이 아니다. 자연히 다른 적당한 인구를 배출할 방법을 구해야만 한다. 네덜란드는 농업국이지만 자급자족을 할 수 없어 보리, 밀과 같은 곡물의 수입이 매년 2억 엔 이상에 달하며 철, 석탄 등의 공업 원료 및 연료도 해외의 공급을 기다려야 한다. 이러한 국정 하에 있는 네덜란드 본국에게 네덜란드령 동인도가 본국 제품의 판매 시장, 본국 공업에 필요한 원료 및 식료품의 공급지, 본국 자본의 투자 지역 및 기업 지대, 본국 과잉 인구의 조절 지방으로 도움이 되고 있는 것이 정치적, 경제적으로 얼마나 중요한 역할을 가지고 있는지는 누구나 예측하기 쉬운 도리이다.

이러한 관계에서 배태한 것이 네덜란드의 전통적 평화주의이다. 첫째로 식민지 대 본국 사이―바타비아, 암스테르담 사이 8천800마일의 교통로는 반드시 그 안전을 확보하여야 한다. 그곳은 국제적 분쟁이 적고 경제적으로는 교통의 자유와 관세 장벽의 타파가 무엇보다 필요하다. 네덜란드에 오늘의 융성을 가져온 평화 제일주의는 이 국제적 필요에서 생겨난 것이다.

네덜란드 본국의 이 정책은 무역상으로는 자유 무역주의, 산업상으로는 문호 개방, 기회 균등주의로 네덜란드령 동인도 통치 정책으로 나타나고 있다. 관세는 1872년도 제정된 동인도 정률법으로 규정되었는데 그것은 네덜란드 본국의 제품과 외국 제품 사이에 일절 차별적인 세율을 두지 않고, 동일한 대우를 원칙으로 한 것이다. 수입세, 수출세 양쪽 중 수입세의 세율은 종가(從價), 그리고 종량(從量) 및 무세품(無稅品)으로 나뉘어 있고, 수출세는 지방에 따라 그 품목과 세율의 차이가 있는데 전반적으로는 코프라,[1] 팜유, 후춧가루, 담배, 피혁, 주석 및 제비집 7종으로, 세율은 대체로 10% 이하이다. 외령 지방에서는 총독은 10% 이하의 수출세를 과세할 수 있게 되어 있다.

게다가 최근 네덜란드 본국에 무역 보호론이 대두하여 정부 당국은 또 이에 응하여 각종 보로책을 실행하려고 하는 것은 평화 제일주의에 기반한 자유 무역, 기회균등을 통치 방침으로 하는 네덜란드로서 현저한 정책상 변화라고 해야 한다. 그것은 최근 네덜란드 본국에서 네덜란드령 동인도로의 수출이 감소하고, 여러 외국 특히 우리 일본으로부터의 수입이 격증하였기 때문에 이 경향을 타파하고 동시에 네덜란드 본국의 제조 공업 보호의 견지에서 네덜란드와 동인도

----

1 코코넛 열매의 배유를 말린 것.

사이에 특혜 관세를 설정하는 게 좋다라는 의논이다. 실제로 1933년
도에는 우리 나라로부터의 맥주, 시멘트 수입량을 제한하고, 게다가
영국과 협동해 움직여 관세 및 할당제라는 장벽을 세워 우리 면포
및 잡화 수입을 제한하려고 하고 있다. 이에 조만간 일본·네덜란드
협의회 개최를 준비하고 있는데, 일본 제품의 수입 저지는 곧바로
원주민의 생활을 위협하고 그 이익을 희생으로 하는 것이기 때문에
그들이 손을 잡고 통치자가 하는 대로 맡기고 있는 것은 아닌지 의심
스럽다. 이미 외신은 그들의 불평, 불만을 자주 보도하고 있으나 금
번 이 정세가 어떻게 전개되어 갈지는 일본의 해당 업자의 지대한
관심을 요하고 있다.

3. 토지제도의 규정

네덜란드령 동인도에서는 토지 국유의 원칙에 따라 원주민 이외에
는 농업용으로서의 소유권을 인정하지 않는다. 첫째로는 토지에 대
해 매우 집착을 하는 원주민의 구습을 존중하기 때문이며, 네덜란드
본국인이라 할지라도 토지법으로는 외국인과 마찬가지로 소유권을
인정되지 않는다.

농업 경영의 목적으로 토지권을 취득할 수 있는 용지는 여러가지
형식으로 요구되나 그 주요한 것은 (1)영구 조차지(永組借地), (2)농업
조차지(農業組借地), (3)차지(借地) 3가지로 그중 영구 조차지가 가장
보통 선발되는 방법이다. 영구 조차지란 국유지의 영조(永組)를 의미

하고 네덜란드령 동인도 정청(政廳)은 최장기간 70년까지 국유의 미 개간지의 영차권(永借權)을 개인에게 공여한다. 이 영차권은 물권으로 매매 향도하는 것도 저당권을 목적물로 하는 것도 가능하다. 차지권(借地權)은 최초 5년간은 무료이고 그것을 넘으면 자와에서는 1년 바우(우리의 7반) 당 1길더 내지 5길더, 외령에서는 자와보다 더 저율로 최고 1길더, 싼 곳은 20센트, 통례 50센트라고 보면 된다.

이 영구 조차권을 취득할 수 있는 자격은 (1)네덜란드 신민, (2)네덜란드 주민, (3)네덜란드령 인도의 주민 및 (4)네덜란드 또는 네덜란드령 동인도에 설립된 상사회사에 한정되어 있다. 따라서 외국인이라도 네덜란드령 동인도의 주민이기만 하면 영구 조차인이 될 수 있고, 네덜란드령 인도의 주민이 되려면 네덜란드령 동인도에서 영주권을 취득하면 되는 것이다.

그렇다면 영주권을 취득하기 위해서는 어떻게 하면 되는가. 네덜란드령 동인도에 상륙하는 외국인은 입국 때 네덜란드 돈 150길더를 지불하고 상륙 허가증을 받아야 한다. 이 허가증은 2년 동안 유효하며 기간이 경과하면 1년에 2회 갱신되는데, 3회 갱신 때에는 유효기간이 6년으로 연장된다. 즉, 통산하면 입국 후 10년이 되는 것으로 이 사이에는 입국권 소유자에 지나지 않으나 10년 뒤에는 이 입국 허가증이 영주 허가증이라는 것으로 바뀌는 것이다. 이렇게 하여 영주권을 취득하는 것이다.

영주권은 원칙적으로 위에서 말한 세월의 경과를 필요로 하나, 사업 수행상 이것이 꼭 필요한 경우에는 10년이 경과하지 않아도 영주 허가증 하부(下附)의 출원이 가능하고, 네덜란드 정청에서도 그 사업이 영내의 치안 유지에 어떠한 장해가 없을 것이 명백한 경우는 언제라도 영주권을 부여해주기 때문에 그렇게 빡빡한 것이 아니다.

두 번째 농업 조차지는 현재는 수마트라 동해안 등 소수의 자치령에 있을 뿐인데, 점점 줄어들어 없어지는 운명에 있다. 다음으로 차지는 네덜란드령 동인도에서 토지를 소유하고 있는 토착 제후, 또는 사령지(私領地)를 가지고 있는 자와 차지 계약을 하여 그 토지를 농업에 사용하는 것을 말한다. 지권 획득을 위해 필요한 자격은 영구 조차지의 경우와 동일하고 그 기간은 (1)개조지 50년, (2)공유 수전(水田) 21년, 공유 건지(乾地) 10년, 공지(公地) 및 은급지(恩給地) 1년 (3)자유 영지 3년으로 되어 있는데 만약 원주민 소유지를 장기간 조자치로 하고 싶을 경우에는 정청에 출원하여 먼저 그 토지를 국유지로 편입해 바꿔 새로 70년 영구 조차지로 변경시키는 편법도 있다.

4. 광업법과 어업법

각종의 상업을 외국인에게 개방하고 있는 네덜란드령 동인도일지라도 예외로 광업의 어떤 종류에만은 제한을 두고 있다. 광업을 통솔하는 것은 동인도 광업법과 광업령인데 그것에 따르면 네덜란드령 동인도에서는 (1)네덜란드 국민, (2)네덜란드령 동인도의 영주권을 가진 사람, (3)네덜란드 본국 또는 네덜란드령 동인도에 설립된 회사만이 광물의 시굴권 및 채굴권을 출원하는 것이 가능하다. 또한 회사의 경우는 중역의 과반수가 네덜란드 신민 또는 네덜란드령 동인도의 영주권 취득자가 아니면 안 되는 것으로 되어 있다.

1918년 신 광업 법규에 따르면 광물의 종류를 A, B의 두 가지로 나누어 석탄 및 갈탄, 석유, 아스팔트, 가연성 천연가스와 같은 연료 관계의 관물을 B종에 편입하여 이를 국유로 하여 정부 이외의 개인 또는 회사에는 신규로 채굴권을 허가하지 않도록 되어 있다. 다만 그 이전에 허가한 자의 채굴은 지장이 없고 권리의 양도도 자유이다. 연료 이외의 광물은 모두 A종류에 포함되는데 이에 대해서는 시굴, 채굴 모두에 이러한 제한을 두지 않는다.

위의 규정이 생겼기 때문에 현재는 석유와 석탄 등을 함유하고 있는 미개(未開) 광구는 모조리 정부의 손에 보류되어 개인 또는 회사가 석유 채굴업이나 석탄 채굴업을 단독으로 경영하는 것이 허가되지 않는다. 그러나 정부와 특약을 맺은 (1)공동 출자 회사를 설립하던가 (2)정부와 청부 계약을 맺어 채굴을 하는 형식을 취하면 본국 의회의 협찬을 얻지 못할 것은 없다. (1)의 적례는 네덜란드령 인도석유회사, (2)의 경우는 피칭석유회사에서 출현되었다. 그 외 기존 회사의 매수, 기존 이권의 매수 등에 따라 석유, 석탄의 채굴은 가능하기 때문에 조급한 비관은 필요 없다. 일체 네덜란드 정부가 광업에 한해서 이러한 제한을 둔 것도 곧 외국인 배척의 동기로 보는 것은 맞지 않다. 하나는 이에 따라 정부 재원을 보류하고 나머지는 외국 자본이 뒤섞여 국제 분쟁의 소인을 만들어 예의 전통적 평화주의가 뒤틀리는 결과를 우려했기 때문이라고 보는 것이 타당할 것이다.

다음으로 연안 어업에 대해서는 1928년 연안 어업령이 공포되어 있다. 네덜란드령 정청은 본령에 따라 외국인에게도 연안 어업을 허가하는데 네덜란드 신민에게는 별개의 제한이 없는 반면, 외국인에게는 허가주의를 취하기만하는 차이가 있다. 그 허가를 신청하는 자격은 광업법의 경우와 같다.

5. 관영사업과 전매사업

네덜란드령 동인도의 관영사업 및 전매사업의 수는 상당히 많다. 즉 아편 및 소금의 전매사업과 고무림, 관유림, 방카(Bangka) 광, 석탄, 항무국, 준설, 전기 사업, 인쇄국, 우편 및 전신, 철도 전기 자동차, 관영 전당포 등 다수의 관영사업이 있다. 이들의 전매사업 및 관영사업의 수입은 1930년도 2억 4천298만 길더, 1931년도 2억 8천550만 1천 길더, 1932년 2억 3천813만 2천 길더의 거액에 달하고 있는데, 한편 세출입의 균형을 보면 1930년도 1억 3천756만 8천 길더, 1931년 6천314만 길더, 1932년 1억 1천671만 길더로 매년 적자를 내어 네덜란드령 정청의 재정은 매우 궁핍함을 알리고 있으나, 적자 보전을 위해 관세정책과 산업정책의 세입 증가 방침을 가미해 갈 것은 피하기 어려운 당연한 기세일 것이다. 또한 1933년도에도 1억 길더의 적자를 내어 본국이 적자 공채 2억 길더를 발행하여 겨우 막은 상태이기 때문에 네덜란드 정청은 세입 증가책에 혈안이 되어 있고 수수료 같은 것도 무엇이든 간에 매우 비싸다. 뱃길 안내를 강제적으로 하는 일 하나에서도 그 초조함이 엿보이는 것이다.

6. 동인도 산업의 왕좌

공업, 광업, 어업, 무엇이건 발전 도상에 있는데 네덜란드령 동인
도의 경제를 지배하고 있는 것은 뭐니 뭐니해도 농업이다. 농업을
이해 못 하고는 동인도를 말할 자격이 없다. 정청의 재정도 도시의
생활도 농업을 근간으로 하여 성립하고 수출 무역도 수입 무역도 마
찬가지로 농업을 배경으로 존재한다 해도 좋다.

동인도의 산업은 백인 기업과 원주민 농업 이중주에 의해 착착 발
전을 이루고 있다. 백인 기업의 주요 생산물은 설탕, 고무를 대종으
로 하여 구타페르카, 무화과, 커피, 차, 담배, 키나, 코코아, 야자,
코카, 오일밤, 과일, 육두구 및 껍데기, 케이폭, 종유 로젤레 평상,
마, 양모, 후춧가루, 인디고, 감비야, 에센셜 오일, 타피오카, 석유,
석탄, 철, 다이아몬드 등 어마어마한 종류를 가지고 있다. 원주민 농
업 산물로는 고무, 옥수수 열매, 타피오카, 땅콩, 대두 거기에 백인의
생산물을 거의 생산하지 않는 것이 없어 일일이 거론하는 것이 번거
롭기 그지없다.

백인 기업의 생산물은 오로지 수출을 목적으로, 원주민의 생산물
은 내지 소비를 주로 하는데 근년 그 여력으로 수출 농업물의 재배에
힘쓰기에 이르러 커피, 고무, 코프라, 케이폭, 담배, 차, 설탕 등도
점차 그 중요성을 더해가고 있다. 이것들의 수출 통계 숫자를 보아도
1888년 동인도 총 수출액의 89%는 백인 농산물이 점하고 있고, 원주
민 생산물은 겨우 11%에 지나지 않았는데, 15년 뒤에는 1914년에는
각각 75.5%, 24.5%가 되었고, 게다가 16년 후인 1929년에는 각각

63.5%, 36.5%로 원주민 농업물의 약진을 보이고 있다.

동인도의 농산지 면적을 원주민 농지와 외국인의 농원 조차지로 나누어 보면, 먼저 원주민 농지는 자와 및 마드라의 수전 면적 327만 1천291헥타르, 농작물 경지 4백35만 9천482헥타르, 합계 763만 773 헥타르, 이 외 외령 각지의 원주민 경지 면적은 정확하지 않지만 고무 재배 면적만으로도 40만 헥타르에 가깝다고 하며, 쌀 농작지와 일반 농작물 경지를 더하면 상당한 면적에 달할 것이다. 외국인의 농원 조차지는 다음과 같다.(모두 1930년 현재)

동인도 원주민 외 농원 조차지 면적

(단위, 헥타르)

자와 및 마드라		외령	
사유지	502,016	사유지	2,000
국유지 영차 대농원	680,747	원주민 자치주 농업 조차지	1,250,653
국유지 영차 소농원	6,157	국유지 영차 대원	810,230
왕령 조차지	70,094	원주민 점령지 수차 대농원	261,303
원주민 농지 임차지	204,873	동상(同上) 영차 소원	291
합계	1,463,887	합계	2,324,477

양쪽 지방을 더하여 377만 9천115헥타르에 달하며, 그중 123만 3 천 헥타르가 생산 면적이고 나머지는 미개척에 해당한다. 경지 면적 의 통계로도 명확한 것처럼 원주민 농업의 대종은 쌀농사이다. 자와 전 섬을 여행하는 자는 누구라도 쌀농사를 짓는 논이 많은 것을 보고 놀람을 금치 못한다. 이를 위해서 정부도 충분히 지도, 발전에 힘을 썼다. 서부 고원 지방과 같이 산의 정상까지 수전으로 변해있는 것은

경탄하지 않을 수 없고, 관개 설비가 완전해 있어 역시 농업국 네덜란드의 면목이 엿보인다. 쌀농사의 작황이 곧바로 원주민의 구매력에 영향을 미치는 점으로 보아도 국내 경기가 쌀에 의존하는 것이 얼마나 큰가를 알 수 있을 것이다. 쌀농사의 수확고는 연간 생산 약 1억 500만 담의 벼인데 현미만 해도 우리 단보(段步)당 7두에 불과하다. 이렇게 너무나도 양이 적은 것은 토지가 나쁘기 때문이 아니라 원주민이 대체로 비료를 주는 것을 게을리하고, 수확 방법이 갖추어지지 않고 있기 때문으로 개량의 여지는 다소 남아 있다.

쌀 이외 주요한 원주민의 농작물로는 타피오카, 대두, 땅콩, 옥수수가 가장 장래 촉망을 받고 있으며, 한 그루가 있으면 일가의 생활이 유지된다는 유자나무의 수는 자와만 해도 5천만 그루에 달해 완전히 백인 기업을 압도하여 원주민의 생산으로 바뀌었다. 수마트라, 보르네오의 원주민 고무도 유럽인 고무 사업에 아주 큰 위협을 하고 있고, 옥수수는 원주민의 주요 부식물인데 최근 수출 물산 중 중요한 위치를 점하기에 이르렀다. 그 외 너무 많아서 일일이 셀 수 없을 만큼 다수의 토지 생물이 광범위하게 있는 것은 원주민 농업의 가장 큰 강점이다.

7. 외자 투자 30억

동인도 외국 자본의 주요 산업인 설탕, 고무, 커피, 차, 담배, 코프라, 오일 밤 등에 대해 그 식부(植付) 면적의 성쇠를 보면 다음과 같다.

종별 \ 연도	1921년	1925년	1930년
설탕	157,000	167,000	198,000
고무나무	369,000	415,000	573,000
커피	134,000	117,000	130,000
차	92,000	98,000	127,000
담배	42,000	45,000	53,000
코프라	41,000	49,000	52,000
기름야자	13,000	32,000	61,000

즉 1925년 이래 커피를 제외하고 여러 산업은 급격한 발전을 보이고 있다. 동인도 정청의 발표한 것에 따르면 수마트라 기업 중심지로 유명한 수마트라 동해안주 및 그 인근지인 아칭, 타파눌리 지방의 재배 기업에의 외국 투자액은 1913년에 2억 600만 여라고 평가되었는데, 1924년에는 4억 3천 900만 길더가 되었고, 게다가 1929년에는 6억 4천 200만 길더로 약진하였다. 기업의 종류는 고무 재배를 필두로 하는데 담배, 차, 기름야자도 최근 급속히 발달하여 각국의 투자액은 무의 그것과 같으며, 네덜란드에 이어서는 영국이 제2위를 점해 아프리카, 프랑스, 벨기에도 대 진출을 보이고 있다. 이 외남부 수마트라 외국 투자도 1929년 조사로는 9천만 길더에 달하고 있다.

마찬가지로 1929년 자와의 외국 자본도 매우 증가하여 13억 3천만 길더로 평가된다. 이상 주요 기업지에서의 주요 기업만의 투자액을 보더라도 합계 20억을 넘고 있는데 이 외 광업은 석유가 있고, 또 보르네오 그 외 네덜란드령 동인도 각지의 외국 자본을 정밀하게 조사하면 현재는 30억으로 계산해 보아도 크게 틀리지 않을 것이다.

그중 네덜란드의 투자액은 20억에 달한다고 보인다.

　이들 20억 외자 기업은 최근 12년이야말로 호배당의 혜택을 받지 못했는데, 중에는 현재도 상당한 배당을 하고 있는 자가 없지 않다. 대체로 평균 연 70% 정도의 순익이 있다고 관찰되며, 연액 적어도 2억 4천만 길더의 금이 동인도에서 반출되는 셈이 된다. 다음 표는 자와, 수마트라 동해안주 및 남부 수마트라의 동인도의 세 농산 기업 중심지에서의 각국 자본 산업별 투하 상태를 나타내고 있다.

동인도 외국자본 투자 현황

(1929년 미조사)

1 [1은 스도 동해안 지방, 2는 자와, 3은 남부 수마트라 지방, 단위 천 길더]

	네덜란드	영국	독일	프랑스 벨기에	미국	일본	스위스	그 외	합계
고무	238,900	104,684	12,202	41,874	53,035	11,157	3,452	4,906	351,301
담배	116,250	—	—	3,000	—	—	750	—	120,000
팜유	47,910	3,030	2,499	27,704	2,560	2,560	—	—	83,703
차	24,414	14,554	2,410	—	—	—	—	—	41,388
섬유	40,000	—	—	—	—	—	122	—	40,000
야자	3,278	1,457	—	—	—	—	—	—	4,875
감비르	1,000	1,000	—	—	—	—	—	—	2,000
합계	360,752	360,752	8,111	72,576	53,035	13,717	4,414	4,906	642,249

2

	네덜란드	영국	독일	프랑스 벨기에	미국	일본	이탈리아	그 외	합계
설탕	779,666	10,104	—	—	—	3,736	—	—	793,508
고무	145,879	80,794	1,455	20,890	—	1,715	2,136	16,850	269,808

커피	71,716	71,716	—	8,386	—	—	58	4,883	105,071
차	104,255	28,466	4,330	6,558	—	472	—	—	143,981
키나	16,571	2,693	6	158	—	—	—	618	20,046
합계	1,118,089	142,208	5,780	35,992	—	5,923	2,194	20,046	1,332,144

3

	네덜란드	영국	독일	프랑스 벨기에	미국	일본	스위스	그 외	합계
고무	17,585	6,893	1,319	3,158	—	—	—	10,059	39,114
커피	17,600	1,863	1,358	—	—	—	—	4,250	25,073
차	12,257	2,485	2,485	—	—	—	—	—	14,763
키나	3,698	—	1,306	—	—	—	—	—	53,334
팜유	5,123	—	—	—	—	—	—	—	5,123
섬유	1,026	—	—	—	—	—	—	—	1,026
합계	57,289	11,242	4,004	3,258	—	—	—	14,639	90,433
총계	1,536,130	278,177	17,905	12,828	53,035	19,640	△6,608	39,591	2,062,914

주 △표시는 스위스와 이태리의 총계이다.

위의 표에서 보는 것처럼 동인도의 외인 기업은 뭐니 뭐니 해도 설탕이 으뜸이며, 그 다음으로는 새롭게 뜨고 있는 고무 재배이다. 설탕은 자와에만 한정되어 있으나, 그 투자액 7억 9천300만 길더로 세 지역의 총액 20억의 5분의 2를 점하며, 고무는 6억 6천만 길더에 달해 약 3분의 1에 가까운 거액이다. 게다가 양쪽의 합계액은 14억 5천300만 길더를 넘어 총액의 72.6% 이상에 해당한다. 게다가 세 지방 이외를 가산하면 아마 15억 길더를 돌파하여 동인도의 추정 외자 투하 30억 길더의 약 50%에 달할 것이다.

8. 어업의 장래

네덜란드령 동인도는 각 군도 모두 4면이 바다로 둘러싸여 있어, 바다 속에 생식하는 어패류가 굉장히 많은 보고(寶庫)라고 해도 좋으나, 어업은 아직까지 원주민의 손에 맡겨져 있어 어획 방법이 매우 미숙하고 유치하다. 그들은 해안에서 2~3리의 앞바다 부근에 밖에 출어하지 않기 때문에 도저히 다량의 어획물은 기대할 수 없다. 그런데 원주민의 생활에서 염장한 생선은 필수로 빠트릴 수 없는 식료품으로 그 대부분은 시암에서 수입하고 있다. 내지의 작은 마을을 방문하더라도 반드시 염장을 한 생선을 파는 점포를 발견할 수 있다. 이에 비추어 보아 원주민의 생활에 얼마나 생선이 필요한지가 알 수 있는데, 그들은 아직 충분히 해수어의 맛을 모르며, 모두 소금에 담그지 않으면 먹지 못하는 것처럼 생각하고 있다. 때문에 해안선에서 오지로 들어가면 주민은 전혀 날생선의 맛있는 맛을 이해하지 못하고 스마랑, 수라비아 등의 대도시조차 날생선의 공급은 극히 적다.

그래서 우리 어업가는 최근 자와에 진출하여 좋은 성적을 거두고, 바타비아시에는 이미 일본인의 진력으로 어시장이 설치되어 정부 수입의 하나가 되고 있다. 이들 일본인 어업가는 더욱 큰 발전을 기하기 위해, 미야케(三宅) 전 총령사와 고시다(越田) 총영사의 알선으로 어업조합을 일으켜 동업간의 통제를 도모하여 공존공영의 수확을 거두기 위해 노력하고 있는데, 실제로 바타비아 시장의 총 어획량 연액 1천 560만 길더 중 일본인은 4분의 1을 점해 연액 40만 길더에 달하고 있다.

우리 남양청에서도 이 풍부한 수산 자원 조사의 필요를 느껴 최근 조사선 즈이호마루(瑞鳳丸)를 파견하여 뉴기니 북서부, 핼마헤라섬, 술라웨시섬, 몰루카해 등 넓고 아득한 해구에 대해 일반 조사를 행하였다. 그 결과는 장래 우리 어업가에게 매우 유익한 참고가 되기 때문에 보고서에 의해 그 대강을 이하에 적는다.

염어업(鹽漁業)

가다랑이는 이들 해안의 어디에도 생식하는 어족이어서 어장을 발견하는데 고생하지 않지만, 집산 상황 및 미끼 관계에서 각각 어장 가치를 달리한다. 그래서 각지의 어장 관제를 시험해 보면 아래와 같다.

1) 술라웨시 동해안
(1) 마나도 근해 : 어군은 많지만 북서풍 때 조업 곤란을 피할 수 없다. 미끼 풍부, 토착 어업에 관계를 가진다.
(2) 톤다노 근해 : 어군이 많고 또한 지세 상 연중 조업하는 편의가 있다. 미끼도 풍부하여 일본과 네덜란드 어업회사의 근거지이다. 토착 어업에 관계한다.
(3) 토미니만 : 광대한 만입(灣入)에 풍파가 없고 조업 자유로 도처 어장이 있다. 특히 시 서쪽 560마일 해구는 좋은 어장이다. 만 안쪽 지방은 약간 어군이 적다.

2) 핼마헤라섬

(1) 카우만 및 모로타이 어장 : 미끼 풍부하고 토착 어업이 활발하나 우기(11월~12월)는 만 안쪽에 담수가 많아 조수가 탁해져 불편을 피할 수 없다. 모로타이섬은 계절풍 관계상 어장이 섬의 동서로 옮겨 간다.

(2) 테르나테 근해 및 바찬(Bacan)섬 : 테르나테는 근해 드문 볼 수 있는 좋은 항구로 근해 어군 풍부, 미끼도 공급 자유, 분명히 좋은 어장이다.

3) 몰루카해

몰루카해 전반에 걸쳐서는 더욱 상당한 조사를 요하는데 뱅가이, 페낭섬 근해는 가다랑이가 매우 많다. 그 남방 여러 섬 사이는 얕은 바다로 산호초가 발달해 있고 항해가 불편하지만 미끼가 풍부하고 토착 어업이 없어 장래 주목할 만한 어장이다.

4) 뉴기니섬 몰루카해

이곳은 뉴기니섬 서북부의 광대한 만입(灣入)이다. 만내(灣內) 연안은 도처 미끼가 풍부하며, 해안에서 떨어진 2, 3마일의 해구에서 어장을 발견할 수 있다. 몰루카 근해에 비교하여 일부분 손색이 없지는 않으나 토착 어업에 관계는 없다.

참다랑어 어업

참다랑어도 가다랑이도 같은 어장에서 어획하는 것이 가능하지만 그 어군은 가다랑이에 비해 적은 것이 많고 어법, 미끼에도 차이가 있기 때문에 자연 어장 선택에는 다소 모양을 달리 하고 있다.

1) 술라웨시 동해안
(1) 케마 먼바다 : 어군이 풍요롭고 미끼는 마나도 어시장에서 공급된다. 그러나 조류가 혼유하고 있기 때문에 주의를 요한다.
(2) 렘배섬 : 케마 먼바다와 같다.
(3) 토미니만 : 어군은 상당히 많으나 오징어 미끼를 몰래 훔치는 일이 많다. 미끼의 공급에 대해서는 더욱 조사를 요한다.

2) 핼마헤라섬 부근
(1) 카우만 내 : 조사 당시 하필이면 우기로 물이 탁해 어획은 보지 못하였다. 미끼는 많으므로 다시 다른 계절에 조사를 기한다.
(2) 모로타이섬 부군 : 앞과 같다. 조류 빠름.
(3) 데루나테섬 근해 : 어군 많고 좋은 어장이다.

3) 몰루카 해
(1) 뱅가이섬 부근 : 어군 많고 또한 미끼인 날치가 많다.
(2) 패랭섬 부군 : 가장 양호한 어장으로 장래 주목할 만하다. 토착 어업과의 관계없음.

4) 뉴기니섬 겔빙만
만내 어디에서라도 참다랑어를 발견하는데 육안(陸岸)에 가까운 어구에는 특히 많다.

저서(底棲)생물

갑각류와 해삼과 같이 저서생물은 일반적으로 심해에 사는데 이번 조사 구역에서는 만내 또는 연안의 작은 구역에 서식할 뿐으로 생산액도 비교적 적은 것처럼 보인다. 술라웨시 근해 토뮤만에서는 상당히 양질의 밤고둥(高瀨貝)을 산출하고, 뉴기니섬 겔빙만에서는 연액 1천240피쿠르, 1만 3천40엔 내외의 밤고둥을 산출하는데 남획 결과 근시 점차 감소의 경향이 보인다. 백첩패(白蝶貝) 어업의 창설 또는 흑첩패(黑蝶貝) 진주 양식은 장래 상당히 유망할 것이다.

요약하자면 이들 지방에서는 가다랑이 및 참다랑어의 어장이 확대되고 있고, 미끼도 여러 군데 발견되며 특히 술라웨시 방면은 근거지로 좋은 항구가 많아 어선의 활동에는 지극히 안성맞춤이다. 즉 우리 남양군도 파라오섬에 가까운 모로타이섬은 어선의 진출에 가장 편리한 위치에 있다. 게다가 남하하여 케마, 핼마헤라섬 근해, 뱅가이 방면은 모두 좋은 어장이고 어선의 피난소도 있다. 도시 부근이어서 통신하기에 매우 편리하며 냉장 용수, 연료 등의 보급이 용이한 것은 더욱 우리 어선의 진출에 편익을 더해주는 것이라 할 수 있다. 뉴기니섬 겔빙만은 술라웨시 방면에 비교해 상당히 다량의 어군을 발견할 수 있지만, 아쉽게도 교통이 불편하여 좋은 항구로는 부족하고 또한 물, 연료 등 대부분 보급할 길이 없는 불편을 피할 수 없다. 그렇지만 파라오를 떠나 불과 500마일이기 때문에 파라오를 근거지로 활동하기에는 지장이 없다. 양식업은 뉴기니섬 겔빙만 내 룸베르본 해협의 진주 양식업을 빼고는 볼만한 것이 없다.

9. 무역

네덜란드령 동인도의 무역은 근년 현저히 발전하여, 수출도 수입고 그 세계시장에서의 위치를 높여 지금은 동양 최대의 시장의 위치를 확립하였다. 시험 삼아 1928년 네덜란드령 동인도 무역액을 남방각 지방의 그것과 비교해 보면 다음과 같다.

무역액 비교표

(단위 백만 엔)

지방별	수출	수입	합계
네덜란드령 동인도	1,264	776	2,040
영국령 말레이	1,051	1,006	2,057
미국령 필리핀	270	250	520
프랑스령 인도차이나	178	137	313
시암	158	150	308

수입으로는 영국령 말레이에 약간 뒤떨어져 있지만 수출 무역에서는 네덜란드령 동인도가 단연 남양 여러 지방을 리드하고 있다. 게다가 수출품의 내용을 검토해보면 영국령 말레이는 고무와 주석 두 상품, 미국령 필리핀은 설탕, 마, 팜유 및 코프라 네 가지 상품이 거액으로 다른 것은 금액에 투자의 차가 있으며, 프랑스령 인도차이나는 쌀 뿐으로 전 수출액의 70% 이하, 시암은 마찬가지로 쌀이 66%를

점하고 어느 것이나 수출 품종이 매우 치우쳐 있다. 그런데 네덜란드령 동인도의 수출품은 비교적 각종 평균으로 다액의 금액에 달하는 상품을 다수 꼽을 수 있다. 즉 설탕, 고무, 석유, 코프라, 차, 담배, 주석 및 석광(錫鑛), 커피는 어느 것이나 8천만 길더 이상, 그 외 1천만 길더 이상의 수출 상품으로는 후추, 고추, 타피오카, 케이폭, 사이잘, 마, 팜유, 피혁, 옥수수, 목재 및 목제품을 열거할 수 있다. 이 중 석유, 주석, 피혁류, 목재를 제외하면 나머지는 거의 농산물로 네덜란드령 동인도의 농업이 다른 남양 각지에 비교해 얼마나 융성하며 또한 그 품종이 풍부한 것이 이것으로 짐작 가능할 것이다.

1929년 말, 영국 공황으로 촉발된 세계 공황은 네덜란드령 동인도도 그 영향에서 벗어날 수가 없었다. 1913년 수출입 합계 10억 5천만 길더로 무역액은 해마다 급증하여 1919년 유럽 대전쟁 붐 시대에는 33억을 넘어 1929년에는 또한 26억대를 유지했으나 다음 1930년부터는 급각도로 급감하여 1932년에는 수출 5억 4천100만 길더, 수입 3억 6천800만 길더로 10억대를 밑돌고 있다. 특히 수출의 급감은 동인도 경제를 매우 위축시켰는데 그래도 이전과 같이 수출 초과국의 위치를 잃고 있지 않다. 아래는 최근 10년 간 수출입액을 표시한 것이다.

최근 10년 간 수출입액

(단위 백만 길더)

연차	수입	수출	총 액	출초(出超)
1923	652	1,388	2,040	737
1924	703	1,557	2,260	854
1925	863	1,813	2,676	950

1926	924	1,599	2,523	675
1927	927	1,656	2,583	729
1928	1,030	1,590	2,620	560
1929	1,166	1,488	2,654	322
1930	862	1,157	2,020	294
1931	568	747	1,312	181
1932	368	541	910	172

다음으로 주요국에 대한 수출입 관계를 보니, 최근 3년간 통계는
아래와 같다.

최근 3년 간 주요국 수출 비교

나라별 순위	금액(단위 천 길더)			중량(단위 톤)		
	1930	1931	1932	1930	1931	1932
네덜란드	177,865	130,432	103,503	586,541	541,074	515,357
싱가포르	246,011	141,090	89,847	2,763,556	2,060,038	1,836,296
미국	141,546	87,923	65,595	316,084	377,255	419,777
영국	96,355	68,547	48,307	364,304	458,069	704,783
인도	132,841	58,147	38,334	1,366,615	837,576	649,266
일본	46,133	33,051	23,658	685,473	608,630	768,439
홍콩	51,412	37,767	23,474	711,392	675,358	620,425
프랑스	33,058	23,453	19,665	119,172	119,594	230,779
호주	28,620	13,499	17,824	482,582	396,610	449,143
중국	43,788	23,491	14,318	565,150	413,185	385,928
독일	24,502	16,699	11,089	118,242	121,323	125,981
덴마크	13,135	9,820	9,594	63,136	71,733	104,144
이태리	9,033	5,540	7,273	21,780	29,660	68,632
그 외	68,617	87,702	112,718	1,694,641	1,377,768	1,813,750

최근 3년 간 주요국 수입 비교

나라별 순위	금액(단위 천 길더)			중량(단위 톤)		
	1930	1931	1932	1930	1931	1932
일본	100,153	92,551	78,437	305,153	300,885	303,556
네덜란드	163,315	98,557	58,130	301,927	209,122	124,272
싱가포르	91,210	61,882	46,237	368,781	280,152	258,011
영국	89,924	43,941	35,465	255,682	119,983	102,639
독일	86,025	51,953	28,388	243,940	160,967	98,102
미국	90,363	51,379	24,595	234,615	183,272	108,193
인도	63,307	31,959	17,366	335,101	218,934	143,337
호주	25,382	17,773	12,125	101,636	114,575	119,068
시암	10,600	12,766	8,052	73,190	140,043	101,746
홍콩	10,225	10,179	7,767	19,567	21,790	110,225
페낭	14,222	9,937	7,191	66,446	59,414	57,801
중국	18,196	14,192	6,016	42,912	30,153	15,801
벨기에	13,980	8,731	5,739	99,556	53,675	47,049
그 외	88,092	59,385	33,416	417,409	337,735	246,768

즉, 수출에서는 네덜란드가 1위를 점하고 싱가포르, 미국, 영국, 인도 이에 이어 일본은 6위이지만, 수입의 경우는 일본이 네덜란드를 밀어제치고 단연 왕좌에 올라 네덜란드, 싱가포르, 영국, 독일, 미국, 인도의 순서가 된다.

이들 수출입 상품 중, 수출 품종에 대해서는 앞에서 말한 대로이다. 수입 상품으로는 식료품, 면포 두 종류뿐으로 총액 60% 이상을 점하고 있는데 여기에 도자기, 유리 및 유리 제품, 약품을 더하면 대부분 대중의 소비를 충당시킬 수 있다. 유럽 상인은 비교적 수출에 세력을 가지고 있어, 수입에서도 종래 기계류 및 고급품을 취급하여 막대한 이익을 누려왔으나, 당의 가격이 하락하여 먼저 수출로 큰 타격을 입었다. 수입 방면에서도 근년 일본품이 품질이 좋고 염가여서 쭉쭉 날개를 펴고 있고, 유럽품의 지반을 잠식하여 오늘날에는 그들 스스로 나서 일본품을 취급하지 않으면 장사가 안된다는 기이한 광경을 보이고 있다. 화교는 오래 세월 동인도에 파고들어 모든 방면에 상업망을 휘둘러 확고한 지반을 구축했는데, 근년 일본인 상인의 활동으로 비명을 지르고 있다. 여기에 더해 남중부 수마트라의 우수한 원주민 상인인 파당 사람이 소비 시장에서 중국인과 대진하고 있는 것은 흥미가 있는 일풍경이다. 아래는 최근 3년 주요 무역품별 수출입 표이다.

네덜란드 동인도 최근 3년 주요 무역품별 수출입 표
(정부 관계 수출입 및 금은 미포함, 또 소포 및 승선객의 추출입은 미포함)

수출부	1929년		1930년		1931년		%
	천 킬로그램(톤)	천 길더	천 킬로그램(톤)	천 길더	천 킬로그램(톤)	천 길더	
동물성 산물 및 그 제품	45,525	31,648	39,160	25,162	35,898	20,426	2,60
고무 및 구타페르카	321,573	237,302	396,395	172,795	313,083	82,917	10,56
향료, 향신료	98,079	75,692	98,993	66,198	90,412	37,644	4,80
커피	83,404	69,520	98,993	66,198	90,412	37,644	4,80
식물성 유지 및 함유 종자	595,244	133,623	503,332	100,966	502,418	67,888	8,64
설탕	2,981,282	311,591	2,838,149	254,276	1,865,508	129,385	16,48
담배	75,360	83,281	80,146	58,648	83,280	88,091	11,21
타피오카	273,824	21,050	136,862	13,881	195,748	12,078	1,54
차	82,779	86,071	81,862	69,530	89,788	59,975	9,63

섬유	81,077	35,021	91,047	39,350	95,474	23,143	2,95
그 외 식물성 산물	975,001	80,039	817,252	59,474	775,364	43,672	5,56
석유, 석유 제품 및 연료	4,440,507	185,199	4,821,695	190,056	3,886,989	147,092	18,74
시멘트, 광물, 비금속 유리 및 유황	116,353	84,302	94,654	62,631	81,613	41,850	5,33
그 외	7,963	5,567	6,641	4,187	5,261	3,070	0,39
금은이 아닌 외국의 산물	7,025	3,302	9,814	3,928	9,521	3,930	0,50
계	10,184,996	1,443,208	9,978,750	1,156,747	8,100,513	785,343	100

수입부	1929년		1930년		1931년		%
	천 킬로그램(톤)	천 길더	천 킬로그램(톤)	천 길더	천 킬로그램(톤)	천 길더	
동물 및 식물	1,313	788	518	494	999	483	0,09
식료품 및 기호품	1,221,959	287,082	1,093,798	253,409	1,045,242	177,321	32,32
동물성 및 식물성 산물	34,742	7,605	31,492	6,667	28,960	4,726	0,86
광물	717,213	32,524	603,678	27,877	345,772	17,708	3,24
화학약품	287,042	80,999	258,916	71,431	224,619	53,794	9,80
도자기	79,498	12,843	53,462	7,490	40,553	4,176	0,86
유리 및 유리 제품	26,463	9,938	18,675	7,461	17,460	5,722	1,04
목재 코르크 식물성 편물 제품	72,972	12,854	55,937	10,486	41,185	6,741	1,23
피혁 및 모피 제품	4,598	9,098	4,386	7,516	3,305	4,535	0,83
면계 및 면 제품	162,043	270,089	149,001	205,437	122,678	147,843	26,95
종이 및 종이 제품	66,889	24,223	60,694	21,987	59,791	15,858	2,89
금속류	502,100	109,167	360,604	78,779	199,646	40,569	7,39

자동차 그 외 탈 것	49,147	53,243	31,250	31,550	19,336	16,818	3,07
기계, 기구류	132,236	115,029	84,451	79,024	36,617	36,351	6,63
그 외	18,695	26,854	16,084	20,907	12,197	15,393	2,80
계	3,388,910	1,052,326	2,822,946	830,415	2,198,361	548,578	100

10. 백인, 화교, 원주민의 실세력

세계 공황의 파도가 덮친 이래 과연 왕성한 세력을 자랑하는 네덜란드령 동인도의 백인 사회도 지금은 가을바람의 적막한 감이 있어, 그들의 위엄은 하루하루 붕괴 과정을 보고 있는 것처럼 보인다.

백인이 가게 앞에 있으면 원주민은 물건을 사는 것을 꺼리고, 백인의 교통이 빈번한 거리는 원주민이 통행을 피하며 백인은 1등 기차를 독점해 원주민은 3등도 타는 것이 불가능하였다. 그것은 과거 백인 황금시대의 이야기이다. 지금은 특3에 다수의 백인이 발견되고, 원주민도 이제 백인에 대해 쓸데없는 사양을 하는 비겁한 태도를 버려버렸다.

국제 무역에 의존하는 백인 사회는 세계 불황으로 막대한 타격을 입고 있으나, 그렇다고 하여 돌연 생활을 축소하는 것은 불가능하다. 너무 성장한 그들의 생활상은 마치 위 확장을 한 위장과 같이 빵의 양에 따라 용적을 줄이는 것이 불가능한 것이다. 사유지도 휴원하는 분위기로 수입은 줄어들기만 하고 오랜 존대와 영광으로 겉모양은 장식하고 있으나 주머니는 텅텅 빈 것이 많다.

백인 기업 전부가 이미 위기에 직면하고 있는 중에 상업에서는 가격이 비싼 백인 상품은 일본 상품에 밀려 점차 지반을 잃고, 그들 스스로 나서 일본 상품으로 전향하는 경향이 있는 것은 이미 말하였다. 정치 방면도 완전히 원주민을 누를 실력과 위엄을 잃고 있다. 게다가 그들에게 만만치 않은 강력한 상대로 보이는 것은 인도 유럽인이라 불리는 동인도 태생의 백인 사회의 활동이다. 인도 유럽인은 그 생활 향상을 위해 늘 순수 유럽인에 대해 정치적, 사회적으로 진출하여 백인 사회를 위협하고 있다.

백인 사회는 이렇게 여러 방면에서 점차 궁지로 몰려가고 있다. 원주민의 경제가 한층 더 진전을 이루고 그에 따른 자각과 진전되면 백인의 세력은 더욱 국한되어 쇠락의 날을 앞당길 것이 틀림없다.

백인 사회와 함께 쇠락의 일보 직전에 있는 것은 이른바 화족이다. 동인도의 화족의 역사는 상당히 오래되었고 자와와 중국 간의 교통은 천 년에 달하며, 그들은 네덜란드가 자와에 오기 이전 이미 해안 무역에 종사하고 있었다. 자와의 중국인은 노동자로서의 입국이 금지되어 상업 이민으로 발판을 구축한 것인데, 그 주거는 도회지 부근에 한정되어 오지에 들어가는 것은 허락되지 않고 굴욕과 과도한 세금, 학대 속에서 그들은 꾸준히 일한 것이다.

게으름을 모르는 그들의 노력은 마침에 잘 오늘의 큰 성공을 거두어 자와만으로 60만, 외령을 더하면 약 120만의 인구를 거느리고 남양 화족 제일의 자산가인 건원(建源)과 같은 자는 그 자산이 무려 1억이라고 일컬어지며, 수십만 정도의 부자는 자라에 있을 정도로 성공을 이루고 있다. 때문에 자와에서는 사회 구성 분자로 원주민 다음으로 중요한 위치를 점해 점차 사회적, 정치적으로 진출하여 현재에는 2명의 국민 참의회 의원이 임명되어 있다.

동인도에서 중국인이 이러한 성공을 쟁취한 것은 그 부단의 노력과 상업적 천재에 의한 것임은 물론이지만 상품 판매의 비결은 기만 두 글자로 끝난다라고 해도 지장이 없다. 그들은 백인 상점과 결탁하여 백인 상품의 판매에 노력하고 장기로 상품을 차례로 돌려 회전하여 일본 상품의 수입을 혼자서 도맡아 거대한 이익을 용단하였다. 또한 원주민의 무지를 틈 타 상품의 매입과 토산물의 매수에 능한 기만책을 사용하여 약탈과 같은 폭리를 취해, 마침내 사고파는 것 모두 화족의 손을 거치면 안 되는 정도로 일대 세력을 이룩한 것이다.

그럼에도 불구하고 세계적 불황과 일본 화폐의 배척은 그들의 관행적 상업에 일대 파문을 폭로하는 날을 초래하였다. 세계적 불황의 중압은 가뜩이나 자금 회수 운전을 곤란하게 만들었는데, 본국 중국과 책응하여 행한 일본 화폐 배척은 자승자박의 결과가 되었고, 더군다나 일본 상품의 분기 활동을 서둘러 착착 지반을 잠식하여 결국 궁지로 떨어졌다. 그 결과로 예의 사기 파산과 야반도주가 속출하고 단결의 공고함을 자랑하였던 그들 동지 사이의 상호 신용을 손실하여 현금 이외의 거래를 꺼리게 되었다. 백인 상사가 화족에 대한 종래의 장기 거래를 사양하고 오히려 일본인 상인에게 호의를 기울이기에 이른 것은 당연한 결과이다. 덧붙여 오랜 기간동안 화족의 착취를 감수하고 있었던 원주민 사회도 점점 그들의 교활하고 간사한 수단에 눈뜨고 반감이 커져 절교, 거래 폐지, 지불 거부 등 화족에 대한 보이콧 운동이 각지에서 발흥하고 있는 것은 무엇보다도 화족에게 회복할 수 없는 큰 타격이다.

이렇게 그토록 견록을 자랑하고 있었던 화족의 노력도 백인 사회와 마찬가지로 몰락 과정을 더듬을 수밖에 없는 상황에 이르렀다. 이에 반해 근년 왕성하게 실세력을 올리고 있는 것은 동인도의 주인공인 원주민 사회이다.

그들은 순박한 농민이고 또 대체로 지식 정도가 낮고, 오랜 기간동안 백인의 착취와 화교 및 아랍의 기만에 참아왔으나, 산업상 실세력과 민족적 자각은 끝내 그들의 눈을 뜨게 두지 않았다. 국제 경제에 의존하는 원주민 농작물이 광범위하게 풍부한 것은 장점으로 전에도 말한 대로이다. 본래 원주민 농업은 국내 소비를 목적으로 하는 표면상의 방침에 있기 때문에 세계 불황의 영향도 백인 기업과 같이 심하지 않다. 그리고 무엇보다도 원주민 사회의 장점은 그 생활에 독특한 탄력성을 가지고 있는 것이다.

세계 불황에 따른 백인 기업의 정리 긴축은 노임의 저하, 그렇지 않으면 해고가 된다. 농산물의 수출 감소 및 가격의 하락은 모두 원주민의 생활에 영향을 미친 사실은 부정할 수 없으나, 이와 같다고 하여 그들은 세상 사람들이 상상하는 것만큼 곤란하지는 않다. 대체로 인간의 생활은 의식주 3가지로 성립되기 때문에 간소한 생활에 익숙한 그들에게 식과 주는 어떤 불황시에도 문제가 되지 않는다. 돈을 내고 사는 것은 단순히 의복뿐인데 이것도 '언제나 여름 나라'인 만큼 나체로 때울 수도 있다. 돈이 있으면 사고 없으면 사지 않는다. 오지의 원주민은 일일일선(一日一仙)으로 살아간다고 하는 것에서도 그들 생활의 순박함은 짐작하고도 남을 것이다. 이 신축자재한 원주민 생활의 탄력성은 현하 불황을 넘는 데 무엇보다도 강점이다.

그럼 그들에게 의복 장식에 욕망이 없는 것이냐라고 한다면 그렇지는 않다. 원주민은 대체로 저축심이 부족하여 그날 번 돈은 그날 쓴다. 지금도 돈이 있기만 하면 바로 의류와 장신구에 써버리기 때문에 불황이 회복되어 그들의 수입이 늘어나면 6천만 원주민의 구매력은 세계 상품을 남양 시장을 흡수하기에 충분하다. 특히 원주민 농업은 근년 국내 소비의 한계를 넘어서 국제 경제에 전진해 나가 착착 백인 기업의 보루에 가까워지고 있다. 그들의 경제적 개량은 문화의 보급 발달을 촉진하고, 그 욕망을 다양화하여 증대하지 않게 두지 않을 것이다.

이렇게 원주민 사회는 하루하루, 한 발짝 한 발짝 동인도 주인공과 같은 본래 자기의 모습으로 돌아가고 있다.

11. 일본 상품의 독단장(獨檀場)

유럽 대전 직후, 일본 상품에 대한 나쁜 평판은 세계 도처에 조제남조로 알려졌다. 이에 네덜란드령 동인도 전토에서도 일본품은 마치 불량품의 다른 이름과 같아 보여 일본제라면 손님들이 사지 않고 무명, 무상표의 일본 상품은 마치 무역 시장의 범죄인 같은 취급을 받았다. 그러나 오늘날에는 일본 제품은 값이 싸고 품질이 좋아 비싼 구미 제품을 좋은 외관 때문에 살 필요는 없다라는 전의 불평과는 전혀 천지가 뒤바뀐 정도의 호평이 동인도 전토에 넘쳐, 구미 제품은 완전히 일본 제품 앞에 굴복해 버렸다.

자와 시장은 어디를 가도 일본 제품으로 채워져 있다. 면포 및 일용 잡화는 일본품이 아니면 장사가 되지 않는다라는 분위기여서, 오만한 외국 상인도 항복하고 일본 상품을 취급하는데 분주하다. 특히 일본 상인은 친절하고 투명한 상책으로 원주민에게 다가가고 일절 정찰 판매주의로 나갔다. 이에 오랜 시간 동안 중국인의 부당 판매로 폭리를 당한 원주민은 처음으로 상품의 진짜 가격을 알게 되었고, 이것이 인기를 모아 일본 상점으로 몰려왔다. 근년 계속되는 불황에 큰 타격을 입은 원주민 사회가 염가로 양질의 상품을 제공하는 일본 제품에 얼마나 도움을 받고 있는지 모른다. 그런데도 네덜란드령 정청이 본국 공업가를 구하기 위해 동인도 6천만 원주민의 생활을 희생하여 일본 상품의 압박을 굳이 하려고 하는 것은 무모한 기획이 아닐 수가 없다.

동인도 수입 무역에서 일본이 제1위를 차지하고 있는 것은 이미 말한 대로인데, 1928년 이래 일본은 수취 초과에서 전환하여 1931년에는 자와만으로 4천972만 길더, 외령을 더하면 5천928만 길더를 초과 수취하고 있다. 그럼 어떤 상품이 팔리는지를 보니, 동인도 무역의 대부분을 점하는 자와만을 보면 한천, 포차, 인조 비료, 연단, 구충제, 도자기, 유리 그릇, 홍견, 베니아판, 고무 신발, 메리야스 셔츠, 속옷, 밴드, 장신구, 모자, 우산류, 철판, 철관, 범랑철기, 자동차 부분품, 램프, 자동차 타이어, 튜브, 완구, 생지 면포, 염색 면포, 비단, 인견, 솜 담요, 타올 등 모두 총 수입액 50% 내지 10%를 점하고, 시멘트 같은 것은 94%에 달하고 있어 수마트라의 바단 시멘트가 비명을 지르는 것도 무리가 아니다. 40% 이하 14% 정도의 상품이 다음 표에 나오는 것처럼 다수에 달한는 것을 보아도 얼마나 일본품이 전 군도에 넘쳐나고 있는지를 짐작할 수 있을 것이다. 게다가 1932년, 1933년에는 더욱 활약을 이어가 홍수와 같이 흘러 들어가고 있어 네덜란드령 동인도 시장은 정말 일본 상품의 독단장이라고 하여도 과언이 아니다.

일본 대 자와 중요 수입품 일람

(1931년)

[제1부]	단위 길더			한천	534	542	98.5
품별	일본 제품 수입액	총 수입액	%	양파	28	597	4.7
소맥분	101	5,264	1.9	백미	4,104	26,515	15.5
당과	23	536	4.2	염천어 (반드시 특기할 것)	10	8,505	0.1
정어리 깡통	125	885	14.2	사과	16	401	3.9
맥주	148	3,245	4.6	대만 포종차	6,727	6,742	99.9
기계유 (작은 깡통에 채운 것)	6	563	1.1	기계유 그 외	4	1,418	0.3
석탄	74	1,367	5.4	시멘트 (나무통에 든 것)	1,820	1,924	94.6
유황(정제한 것)	12	1.144	1.1	성냥	130	2,775	4.7
보약	140	3,321	4.2	인조 비료	225	369	60.9
유황 암모니아	180	10,930	1.6	향수류 (알콜 함유 5%이상)	6	667	0.9
향수류(그 외)	17	216	7.9	화장품류	37	1,194	3.1
연단	79	176	44.9	아연화	10	166	6.2
알리자린(20%)	8	128	0.6	알리자린(40%)	5	42	1.2
염료(그 외)	82	1,492	36.4	칼슘 탄화물	33	292	11.4
구충제	118	323	36.4	화장 비누	20	977	2.1

일본제 도기 그릇	72	72	100.0	자기 그릇(동)	516	516	100.2
자기 그릇(그 외)	272	72	100.0	자기 커피 찻잔 받침 접시	633	633	100.0
토병	199	202	98.7	내화 연탄	7	74	9.5
화장 타일류	17	179	9.5	창 유리	37	332	11.0
유리 컵류	347	436	79.6	유리 봉도병	376	408	92.0
전구	149	1,448	10.3	합판 상자	664	2,074	32.0
포장 상자 (전나무 큰 상자)	98	112	87.3	가방류	16	130	12.6
가죽제 신발류	12	561	2.1	칸반 고무 신발류	721	902	80.0
면 메리야스 셔츠류	1,733	2,074	83.6	그 외 속옷류	491	929	52.8
면 양말(단색)	70	378	18.5	그 외의 양말	67	496	13.4
밴드류	124	248	50.1	의복 및 장신구	81	121	66.9
모자(남자용)	59	309	19.2	모자(선 없는)	374	452	82.4
양산 및 우산 (종이제질)	36	743	4.9	종이 제질 이외의 각종 우산류	199	221	90.3
마분지 류	52	286	18.3	포장용지(고신문지)	10	1,121	0.9
포장용지 (고신문지 이외)	18	1,192	1.5	담배용지(그 외)	10	388	2.6
그 외의 지류	10	618	1.6	교과서 및 잡지 그 외	5	2,092	0.3
포장용지 봉투 및 종이 상자	168	537	31.3	철판류	718	1,665	43.1
철봉류	2	1,308	0.9	콘크리트 철근	6	383	1.5
철관류(주물)	971	1,575	61.6	철관류(주물 이외)	101	1,269	7.9
지붕잇기용 아연 인철판	323	1,641	19.7	철사류	7	396	1.7
못류(상자 입)	10	1,117	0.9	범랑 철기 도시락	86	103	83.3
세면기	183	189	97.0	약관	86	101	85.7
그릇, 찻잔, 지선(指洗)숟가락, 식기, 부엌용구	218	373	58.5	동제 각종 전선	114	844	13.5

석박	14	106	13.2	자동차 부분품 및 부속품류	25	1,053	2.4
자전거	20	610	3.3	자동차 부분품 및 부속품	796	1,708	46.6
자동차용 모터 및 부분품	8	814	0.9	기계 및 기구류	11	2,385	0.5
공구류	17	648	2.6	전선	8	420	2.0
전기 가설 재료	6	471	1.3	약품류(그 외)	12	149	7.9
메다는 램프 (양철 갓이 붙은)	60	76,6	6.6	벽거리 램프	292	294	99.3
그 외의 램프 (가솔림 램프 제외)	42	610	6.8	시계	7	235	3.1
자동차 타이어	323	5,240	6.2	자동차 튜브	75	655	11.4
자전거 타이어	533	1.055	50.4	자전거 튜브	174	353	49.3
솔리드 타이어류	10	184	5.7	벨트 (가죽 제품 이외의 것)	17	223	7.4
완구	724	1,097	66.0	총 합계	28,472	271,914	10.5

[제2부]	단위 길더			직계 20번수 이하	72	1,333	5.8
품별	일본 제품 수입액	총 수입액	%	면직계 보빈 감기 백색	5	526	0.9
면직계 보빈 감기 색물	16	88	20.4	면 수예용 실	148	569	40.0
범사(帆絲) 또는 합사(括絲)	4	82	5.4	실 가닥류 합계	348	4,295	8.1
생 옥양목 폭 29인치 이하	40	56	71.4	생 옥양목 폭30인치 이상, 33인치 이하	417	420	99.2
생 옥양목 폭 34인치 이상, 36인치 이하, 길이 250야드 이상	2,241	2,521	88.9	생 옥양목 폭 37인치 이상, 41인치 이하	136	171	99.5
생 옥양목 폭 42인치 이상	2,407	2,523	95.4	삼베 폭 34인치 이상, 36인치 이하	236	576	41.0

삼베 폭 37인치 이상	87	93	93.9	무명천 땀수 32땀 이상, 폭 23인치 이상	213	222	95.7
무명천 땀수 38땀 이상, 폭 29인치 이상	342	344	99.4	그 외의 표백하지 않은 무명 면포	56	168	33.1
표백하지 않은 무명 면포 합계	6,176	7,096	87.0	얇은 아마포 땀수 36~45땀, 폭 38~39	8	548	1.4
얇은 아마포 땀수 36~45땀, 폭 40인치	26	3,607	0.7	얇은 아마포 땀수 36~45땀, 폭 41인치 이상	19	1,086	1.7
얇은 아마포 땀수 46~55땀, 폭 38~40인치	1,233	5,962	20.7	얇은 아마포 땀수 46~55땀, 폭 41인치 이상	1,326	4,024	32.9
표백한 무명 폭 땀수 33땀 이하 폭 34인치 이상	30	269	11.4	표백한 무명 땀수 34~40땀, 폭 32~33인치	65	386	17.0
표백한 무명 땀수 34~40땀, 폭 34~36인치	191	477	40.1	표백한 무명 땀수 41~50땀, 폭 33인치 이하	91	816	11.3
표백한 무명 땀수 41~50땀, 폭 34인치 이상	147	644	22.8	표백한 무명천	573	2,126	27.0
그 외의 바랜 무명포	19	451	4.2	그 외	48	2,319	2.1
바랜 무명포 합계	3,775	22,714	16.6	염색한 무명천 폭 27인치 이상	2,938	3,436	85.5
염색 공단류	3,171	3,373	94.0	염색 플란넬	182	213	85.5
그 외의 염색물 폭 27인치 이하	526	1,455	36.1	염색 플란넬 28인치 이상	1,062	1,852	57.3
날염 무명천 포르투갈 알제리	1,965	1,984	99.0	날염 플란넬	98	83	94.0
노랑, 빨강 이외 날염물 폭 27인치 이하	1,513	3,086	49.0	날염 플란넬 28인치 이상	1,787	2,222	80.4
그 외의 날염물	28	200	14.1	염색물 및 날염물 합계	13,249	17,904	74.0

줄무늬 직물 표백한 무명천	6,723	6,723	100.0	가는 줄무늬 천	304	458	66.5
위 이외의 고급 폭 27인치 이하	425	752	56.5	가는 줄무늬 천 38인치 이상	53	136	38.9
그 외의 줄무늬 직물	5	27	16.9	줄무늬 직물 합계	7,510	8,087	92.9
의복용 화려한 직물	881	4,733	18.6	면사 및 그 외	36	1,198	3.0
면사 및 화려한 직물 합계	917	5,932	15.5	줄무늬 사롱	225	1,444	15.6
사롱(Sarong)류 (특기할 것)	8	2,799	0.3	그 외 유사한 것	29	262	10.5
사롱류 합계	262	4,505	5.8	모직물	14	787	1.8
견직물	1,369	1,865	73.4	무늬가 없는 생견 직물	–	148	–
인견직물	8,434	9,605	87.8	인견 사롱	94	9229	41.1
마직물 및 반마 직물(그 외)	5	321	1.5	면 이외 잡직물	14	447	3.2
면모포	241	494	48.7	타올류	595	762	78.1
손수건류	55	169	32.5	타올류(그 외)	163	409	40.0
비로드	108	344	31.5	커튼 및 깔개	37	632	5.8
조도용(調度用) 직물	16	782	2.0	범포	21	404	5.1
그 외	215	3,841	5.6	면 이외 피복용 직물 및 잡직물 합계	11,382.21.073		54.0
굵은 삼베 자루	–	10,928	–	총 합계	43,618,102,534		42.5

자와섬

1. 면적, 인구, 기후

자와는 행정적 일체를 이루는 마두라(Madura)를 더하면 총 면적 13만 1천611km, 인구 3,898만 4천171명이며, 1km의 밀도는 266명 남짓으로 그 조밀함은 세계 12위를 다투는 상태이다. 다음으로 인구의 분포상태를 보면, 다른 남양 지방과 같이 도심에만 집중된 것이 아니라 전 인구의 96%는 지방에 산포되어 있고, 대도시가 적은 대신 소도시가 무수히 많다. 또 섬 전체에 도로나 수리 관개 시설의 편의성이 좋으며, 산촌수곽 구석구석 개발에 힘써, 섬 전체가 하나의 마을같기도 하고 공원같기도 하다.

자와 수라바야(Surabaya),
교외의 도노산 피서지를 바라보다

네덜란드령 중에 자와만이 발군의 발전을 이룬 것은 우수한 지형과 비옥한 토지, 적순한 기후, 영력이 풍부하고 저렴한 것 등 자연적 및 사회적 조건에서 훨씬 다른 지방을 능가하기 때문이다.

기후는 사계절 내내 비교적 변화가 적고 해안 부근은 평균 섭씨 26도에서 27도이다. 강수량은 대체로 많고, 서부 지방의 1년 강수량은 2천mm에 달한다. 낮에는 상당히 더위를 느끼지만, 밤에는 갑자기 기온이 내려가 매우 쾌적하다. 위생 상태는 열대지방 치고는 대체로 양호하다고 할 수 있고, 의료 기관도 비교적 잘 정돈되어 있다.

2. 주민, 풍속, 언어

자와의 주민은 대부분 자바족이나 순다족으로 이루어져 있고, 네덜란드령 동인도 중 가장 개화되어 있다. 도심지에 사는 유럽인이나 일본인에 비해 크게 다르지 않지만, 오지에 생활하는 주민의 대부분은 여전히 미개한 상태를 벗어나지 못하고 있다.

그들은 모두 잠방이를 입고 그 위에 큰 폭의 사라사(sarasa)[2]를 둘러 허리부분을 덮고 있다. 외출 시에는 통소매 상의를 착용하고, 머리에 사라사를 두르거나 이슬람교 특유의 모자를 쓰는 것이 보통이다. 여자는 지방에 따라 다르지만, 서부 바타비아(Batavia)[3] 여자들은 일반적으로 서양식을 따르며 외출 시에는 속옷 위에 카바야라 부르는 얇은 천의 통소매 상의를 입고, 사론을 걸쳐 가슴 밑 부분까지 덮는다.

....

2 이 직물의 소재는 거의 평조직으로 된 면직물이며 왁스 방염으로 날염한다.

3 현재의 자카르타.

원주민 귀족의 주택은 목조, 석조, 혹은 기와로 만든 자와 일류의
조각을 넣어 꽤 운치가 있는 건물이지만, 중류층 이하는 대나무에
초가지붕이 얹혀 있는 허름한 가옥에 살고 있다.

자와인의 주식은 일본인처럼 쌀이다. 대개 양고기나 생선에 쌀을
섞어 카레라이스와 비슷한 것을 만들어 향료로 고추나 후추를 사용한
다. 그들은 대개 이슬람교이기 때문에 돼지고기를 먹지 않는다. 오늘
날에도 일부다처의 관습이 남아있어 부유한 자는 2~3명의 부인을
두고, 귀족 등은 다수의 부인을 두는 것을 자랑으로 여긴다.

이 외 자와의 토착민으로 마두라족이 있다. 주로 마두라섬이나 동
부 자와에 거주하지만, 지식의 정도가 대체로 낮고, 근골이 튼튼하여
병정에 적합한 것이 장점이다.

언어는 말레이어, 순다어, 자와어 그리고 마두라어를 사용하는데
전 섬에 적용되는 것은 말레이어로, 네덜란드 관헌이나 교육을 받은
원주민은 모두 말레이어를 사용한다. 단 정부의 고시는 전부 네덜란
드어를 원칙으로 하고, 필요에 따라 말레이어나 중국어로 통역하여
일반에게 전한다.

주민의 대부분은 이슬람교
를 믿고 있지만, 최근 기독교에
귀의하는 자가 속출하고 있다.
그것은 신앙의 개변이라기 보
다 기독교도가 되는 것이 관청
방면에 신용도 두터워지고, 생
활상 편의가 많기 때문인 것으

바타비아 남양 핌 창고

로 보이며, 따라서 개종자는 신교육을 받는 자가 많다. 자와의 이슬람
교 옛터도 근래에 황폐해지고 있지만 이슬람교의 세력은 일반적으로
매우 번성해 해마다 메카 순례는 수만 명의 큰 규모에 이른다고 한다.

3. 주요 도시

바타비아

네덜란드령 동인도의 수도이며 서부 자와의 수도이기도 하다. 나
무의 거리, 물의 거리, 평면의 거리로 1930년 인구 조사에서는 탄전,
프리오크, 구 바타비아, 웨르트후리덴의 4개의 도시를 합해 43만 7천
명, 미스텔 코르네루스라고 하는 근접도시가 9만 7천 명으로 이른바
바타비아 시(市)라고 생각해도 좋은 범위이며, 53만 5천 명에 가까운
대도시이다. 구 바타비아의 일부가 상업 중심인 것을 제외하고 전
구역이 주택지이자 상업지이며, 그 경계가 분명하지 않은 점이 특색
으로 식민지 도시의 정취가 없다. 이 지역은 또 유명한 구도시인 만큼
역사적인 건축물이나 명소가 많은데 페낭 게도(ペナンゲード), 포르투갈
교회 등은 그 대표적인 것이다. 이곳의 거주 일본인은 약 800명이고
종사자가 200명으로 일본인회를 조직하고 초등학교를 경영하고 있다.

수라바야

바타비아에 이어 네덜란드령 동인도 제2의 도시로 인구는 36만 6
천800명이고 동부 자와의 수도이며 동인도 전 전체에 대한 무역의

중심지이다. 시가지는 칼리마스강의 양안을 자랑하고 하구에 가까운 서쪽 하안에는 회사, 창고가 줄지어 있으며, 설탕의 수출기에는 수백 선의 선박이 폭주하여 그 번창함은 동인도 어디에서도 볼 수 없

자와섬 수라바야시의 광장

는 장관을 이룬다. 이곳의 거주 일본인은 매년 증가하여 1930년 조사에서 700명이었으나, 지금은 800명이 넘은 것으로 보인다.

스마랑

인구는 21만 7천700명으로 네덜란드령 동인도 제3의 무역항이자 중부 자와의 수도이다. 오지는 수라바야, 바타비아에 비해 부족한 곳이 없는 농산물의 산지를 가지고 있지만, 어쨌든 항구가 없고 물이 얕은 데다가 축항 설비가 불완전하기 때문에 현저히 발전을 저해 받고 있다. 뒤쪽에는 유명한 찬지 구릉이 있고, 해발 500척(尺)[4]으로 백인 주택지로 호사를 거듭했고 남양 제일의 부자라고 일컬어지는 화교 지엔위엔하오(建源號)도 스마랑을 본거지로 대성했던 것이다. 이곳의 거주 일본인은 300여 명으로 상업계에 상당한 비중을 두고 있으며,

....
4 길이의 단위. 1尺=약 30.30cm.

중부 자와 일본인회를 조직하고 초등학교를 경영하고 있다.

반둥

바타비아의 동남부에 위치하며, 중부 프리앙간(Priangan)의 수도로
인구는 약 16만 6천800명이고 해발 2천200피트(呎)[5]의 고원에 있는
도시로, 산자수명, 공기가 청정한 별천지이다. 피서지로 유명하고 백
인 주택지가 많으며 아름다운 교외에는 산뜻한 주택이 이어져 백인
연금 생활자는 본국으로 돌아가지 않고 일생을 여기에서 보내는 이가
많다. 또 학부의 중심으로, 공과대학 및 다수의 학교가 있다. 총독부
관업부도 요즘은 거의 이곳으로 이전하고 중앙 관아도 점차 여기로
모이는 경향이 있어 네덜란드 사람들은 동양 제일의 정원 도시를 자
랑한다. 이곳은 또 유행의 중심이여서 원주민 풍속도 화려하고 순다
미인이 활개 치는 도시로 그들의 유행은 자와 전체로 전해진다. 거주
일본인 상인은 모두 견고한 지반을 갖고 최근 특색있는 전문화 추세
에 따라 다투어 진출을 계획하고 있다.

솔로

자와의 거의 중앙에 위치하며 인구는 16만 3천 명으로 수라카르타
토후주(土侯州)[6]의 수도이다. 이곳은 순수한 자와 원주민 마을로 카수

---

5 길이의 단위. 1呎=12인치, 약 30.48cm.
6 아시아, 특히 중동 여러 나라에서 중앙집권적 국가행정으로부터 독립하여 부족의 수
　　장이나 실력자가 통치하던 나라를 일컬음.

나난 왕의 웅장한 궁전이 있고, 지금도 왕조시대의 모습이 남아있다. 거리는 궁전을 중심으로 상·하 두 개의 시로 나뉘어 있고 자와 사라사[7]의 산지로 유명하며, 부근에는 다수의 사탕수수 농원이 있고, 담배도 많이 산출되는 상당히 번화한 도시이다. 거주 일본인은 약 50명에 불과하지만 꽤 성공한 자들이다.

욕야카르타

여기도 또한 순수한 자와인 마을이다. 솔로에 가까운 인구 13만 6천500명의 도시로 그 지방 토후 주의 수도이며 중부 자와의 가장 큰 시장이다. 시가는 정연하고 화려하며 솔로를 훨씬 능가하며, 주변은 사방에 걸친 성벽으로 둘러져 단연 하나의 성곽을 이룬다. 고적으로는 유명한 수성(水城)과 궁전이 있고, 자와 사라사, 담배, 설탕, 목재 등의 산출지로 알려져 있다. 이 왕도에서 일본인 상인의 세력은 필시 자와 소매업계에서 최고로, 단연 다른 나라 상인을 압도하여 대로변에는 일본인 상인의 형형색색의 깃발이 독점하고 있다.

이 외에도 고도인 치레본(Cirebon), 설탕으로 유명한 테갈(Tegal), 사롱[8]의 도시 프칼롱안(Pekalongan) 등 다수의 소도시가 있지만, 자와의 도시 특색은 대개 고산 기슭에 있다는 것이다. 원래 화산계의 섬들로 우리의 후지산(富士山)과 같은 고산이 군데군데 구름 사이에 솟아 있는데, 오랜 옛날 범선 시대의 항해자는 이를 목표로 항해하여 자연

---

7 사라사(saraca)는 기하학적 무늬를 물들인 피륙이다.
8 사롱(sarong)은 크고 긴 천으로 되어 허리 등에 감아서 싸는 형태로 입는다.

히 그 아래 기슭에 무역 도시가 발달한 것으로 보인다.

4. 거주 일본인의 현상

자와에서의 거주 일본인은 1933년 조사에 의하면 남자가 2천954명, 여자가 1천309명, 합계 4천263명으로 남양에서는 필리핀, 영국령 말레이시아 다음으로 많다. 최근 몇 년 동안의 증가가 특히 두드러져 일본 무역의 비정상적인 진전은 일본 상점의 증가, 도항자의 약진적 증가를 가져오고 있다. 직업별로 보면 회사원, 은행원, 상점원을 필두로 물건 매매업, 이발, 욕장업, 무역상, 어업, 제염업 노동자, 농원, 원예, 축산업, 미술가, 사진사 그리고 가사 고용인 순이다.

일본인이 자와에 가서 착수해야 할 유망한 사업을 들면, 첫째로 사탕수수, 고무, 차 재배일 것이다. 이 외의 농업으로는 도심 부근의

자와섬 차 재배원

자와섬 오타니(大谷)농원 시트로넬라 재배원

채소나 기나나무, 기름야자, 커피 재배이다. 현재 차를 재배하는 일
본인 농원으로는 사탕수수, 벼를 재배하는 도요타상회(豊田商會), 다
나카농원(田中農園), 사탕수수를 대규모로 재배하는 곳으로 대일본제
당회사(大日本製糖會社)의 경영과 관련된 곳이 있는데, 안타깝게 몇
년 전 손을 뗐다고 한다. 고무 재배에는 남국산업회사(南國産業會社)
의 농원이 있다. 성공한 일본인은 먼저 자동차업을 경영한 사토(佐藤)
가 있고, 가네코(金子)는 반자르마신(Banjarmasin)에서 농원으로 성공
한 자이다.

하지만 그 수에 있어서나 성적으로 보나 자와에서 일본인의 존재
를 나타내고, 특히 최근 몇 년 무역 진전의 물결을 타고 부쩍 그 지위
를 올린 것은 뭐니 뭐니 해도 잡화상이다. 수라바야는 네덜란드령
동인도의 첫째가는 무역항으로, 결국은 싱가포르를 대신하여 남양에
패권을 장악하려는 큰 시장인 만큼 일본인 상인도 여기에 근거를 두
고 많은 도매상이 모여들어 금융 기관, 창고의 설비 등도 거의 갖추고
있으며 다수는 연 300만 길더의 상품을 소화하는 이가 있다. 그 밖에
바타비아, 스마랑에도 상당한 업자가 있어 소매상은 본토의 소도시
까지 파고들어 같이 진출할 기세로 대도시에서는 연 1만 길더 이상의
매상고를 올리는 잡화상도 많이 있고, 5천 길더 이상의 매상고는 흔
하다고 할 수 있다. 대체로 1만 엔에서 2만 엔의 자산을 자산을 갖고
3천 엔에서 8만 엔 정도의 생명 보험에 가입하고 있는 것만 봐도 그들
의 생활 내용을 살펴볼 수 있다.

특히 최근 일본인 상인이 소매 업계로 나서는 경향이 활발해진 점
과 기존에 주로 외국인을 고객으로 고급품만을 취급하던 잡화상이

다투어 원주민 본위의 대중품
으로 전향했다는 것은 일본
상인의 발전과정에서 주목할
만한 획기적 일대 변화라고
할 수 있다. 그 이유 중 하나
는 세계적 불황 때문에 고객
인 백인 수가 줄어 그것만으

수라바야 칼리마스강

로는 기존의 경영을 해나갈 수 없는 상태이기 때문이다. 또한 환율
하락의 물결을 탄 우리 상품의 비정상적인 진전과 일화배척을 내세우
며 자승자박에 빠진 화교들의 곤궁은 의심의 여지 없이 일본 상인의
방향 전환에 절호의 기회를 제공한 것이다.

　자와의 일본인 잡화상이 이미 포화상태에 이르렀다고 전해지는 것
도 재래의 백인을 상대로 한 고급 잡화상에는 적평이겠으나, 원주민
본위로 전향하면 아직도 개척의 여지가 충분히 남아 있다. 특히 화교
에 대한 원주민의 반감, 증오가 높아져 각지에서 일어나는 기운을
타고 보이콧 운동이 일어나 일본 상인이 화교를 대신해 정세를 몰아
내면 토산물 구입에 미래가 창창할 것이다.

　내가 수라바야에 입항했을 때 문득 장두 높이 춤추는 금빛 개비를
보았다. 이게 금치라는 일본인의 말을 들으면서 진무천황(神武天皇)[9]
동정(東徵) 때의 고사(古事)를 상기하며 감개무량한 적이 있다.

9　진무천황(神武天皇)은 일본의 초대천황이다.

수마트라섬

1. 면적, 기후, 주민

수마트라는 면적 47만 1,551km로 자와의 약 3배에 달하며, 네덜란
드령 동인도에서는 보르네오에 다음이고, 세계에서도 4대 섬 중 하나
로 아주 큰 섬이다. 이 지방은 제2의 자와로 네덜란드령 정청이 전력을
다해 그 발전에 임하고 있고 최근의 발전은 눈부시다. 게다가 이 양호
한 토질과 싱가포르와 바타비아에 가까운 지리적 관계에 있어 외국의
기업가, 투자가의 활동이 활발하며, 새로운 농원이 계속해서 생기고
새로운 도로는 매일 개설되어 자와와 싱가포르 방면에서 노동자가
다수 유입되고 있다. 따라서 그 무역액도 근년 갑자기 격증하고 있는
데 장래에는 더욱 경이적인 발전을 이룰 것이다.

수마트라에 한하지 않고 네덜란드령 동인도 여러 섬의 도로가 발
달하고 있는 것은 첫째, 그 지질이 시설을 쉽게 만들게도 하는 것이지
만, 정부는 도로 공사를 항상 죄수들의 노역으로 하여 재료 이외에는
거의 경비가 필요 없다. 각 섬 안을 통하는 도로는 이렇게 매년 완성
되고 있다.

기후는 대체로 다른 남양 여러 섬
과 다름이 없다. 하지만 북부 지방
에서는 8월 중 강우량이 가장 많고,
적도 바로 아래에서는 1년 동안 늘
비가 오는 것을 볼 수 없다.

주민은 수많은 종류의 종족으로
셀 수 있는데 총 684만으로 일컬어
진다. 주요 원주민은 아친족, 가요
족 및 아라스족, 바탄족, 미낭카바
우 말레족, 남부 수마트라 말레족이
다. 아친족은 산지에 사는 경우와

수마트라 파당 고원의 민가

평지에 사는 경우가 있는데 언어는 다종다양하고 관습도 동일하지
않다. 일반적으로 산지에 사는 경우는 살벌하여 야만적인 풍습이 많
으며, 도회지에 사는 경우는 조금 개화되어 있으나 외국을 배척하는
기풍에서는 탈피하지 못하였다. 지금도 조혼하는 풍습이 남아있어
남자는 16살, 여자는 8살 내지 10살에 결혼하고 일부일처를 원칙으
로 하고 있다.

가요족 및 아라스족의 생활 양식은 아친족과 크게 차이가 없다.
바탄족은 자와 이민과 접촉을 유지하고 있어 타 종족에 비해 꽤 개화
해 있고, 한 가옥에 두 가족 내지 열네 가족이 동거하며, 별거는 부유
한 자에 한하여 가능하다. 미낭카바우 말레족은 섬 중에서도 비교적
문화적으로 평범한 의류를 입고, 주거도 목조 또는 대나무로 만든
것으로 지붕은 함석판으로 하는 등 어쩐지 우리 나라의 농가를 보는

느낌이 있다. 혼인하여도 부부가 별거하여 남편은 가끔 부인의 집을 방문할 뿐이다. 이 종족은 남녀관계가 매우 엄중하여 혼기에 달한 여자는 실내에 칩거하는 것이 보통이다. 남부 수마트라 말레족은 일 명 파스마족이라고도 부르며, 남동부 부근에 주거하고 용모는 조금 문명인과 닮아 아름다우며, 혼인 후 남편은 반드시 부인에게 복종하 는 기이한 풍습이 있다.

2. 주요 도시

팔렘방 남부 수마트라 제1의 도회로 인구 6만 5천, 무츠강 하구 80마일을 거슬러 올라가는 지점에 있다. 옛날부터 개발된 지역으로 무츠강 유역 일대의 물자 수입지이며, 또 그 지방 물산의 수출 항구로 서 상업이 활발하다. 싱가포르와 방면 사이에는 정기선이 내왕하고 있고 석유, 석탄을 시작으로 각종 원주민 산물을 수출한다. 최근 우 리 남양 우편선은 여기를 기항지로 하여 문제를 일으켰으나 단행하여 결행하기로 되었다. 그것은 바타비아, 팔렘방 사이에 운수를 독점하 고 있는 네덜란드령 KPM회사의 반대로 종래 우리 나라에서 수마트 라 지방으로 수출하는 물품은 일단 수라바야가 싱가포르에 보내고 거기에서 KPM회사가 목적지에 수송된 것을 남부 우편선이 직수입하 려고 하였기 때문이다. 여기에서도 이미 격렬한 판매 경쟁이 막을 내린 것이다.

수마트라섬 총독 관저

잠비 팔렘방 북부에 위치하며 인구 1만 5천, 석유 산지로 이름이 높으며 원주민 고무 산지로 유명하다.

파당 인구 5만 2천, 서해안 제1의 도시이다. 거리가 웅장하고 화려하며 근대 도시로서의 설비가 완벽하여 1831년 이래 지사가 주재하는 오래된 마을이다. 이 지방의 원주민은 장사 솜씨가 매우 뛰어나 화교에 대항하여 거래가 더없이 활발하다. 배후에 광대한 배후지를 두고 있고 물자의 출입이 활발하여 일본인에게 충분한 연구의 가치가 있는 시장일 것이다. 이미 관서를 중심으로 면포, 자전거, 잡화상 등은 출장원을 파견하여 열심히 판매 개척에 노력하고 있다.

포트 드 코크[10] 파당에서 쭉 자동차로 메단까지 연결되어 있는데

----

10 현 부키팅기의 옛 이름이다.

그 큰길 좌우 근처 여기저기 풍광이 아주 아름다운 지역이 있고, 위험한 언덕 절벽의 경사로도 있고, 또 일망천리의 기름진 들이 펼쳐져 있고 고무, 담배, 대형 야자, 그 외 사유지가 여기저기 펼쳐지는 등 변화무쌍한 풍경은 행인의 눈을 즐겁게 하지 않을 수 없다. 그리고 그 큰길 좌우에는 청량한 땅 포트 드 코크와 천연의 아름다운 항구 시볼가(Sibolga)가 있다.

메단 데리회사가 개발한 시가로 인구 4만 8천의 신흥지로 수마트라 동해안의 수도이다. 도시로서의 설비가 완전하고 수마트라 제1의 상업지로 내외인의 주위를 끌고 있다. 외항 벨라완 항구에는 철도편이 있고, 육상 교통로가 사통팔달하여 화물의 출입이 매우 많아 가장 장래가 눈여겨 진다. 노무라 토쿠시치(野村德七) 씨는 카랑이누에 팜유 농장을 경영하여 착착 업적을 올리고 있다.

수마트라섬 메단시 정차장

3. 재주 일본인의 현재 상황

수마트라의 재주 일본인은 현재 주로 팜유, 커피와 코코넛 야자 재배에 종사하고 있다. 최근 조사에 따르면 남자 871명, 여자 792명 합계 1천663명으로 주요 직업은 상점원, 은행원, 회사원, 여관 요리 예기업, 가사 피용인 등으로 농업 이민은 매우 적다.

일본인의 고무 재배는 주로 수마트라 동해안과 서해안에서 이루어지고, 전 섬에 이식 총 면적은 7천753정보에 달하고 있으며 팜유는 이 섬의 서북단에서 재배되어 총 면적 612정보이다. 그 외 커피, 코코넛 야자가 각지에 산재하며 그 이식 면적은 합해서 226정보에 달하고 있다.

저명한 일본인 수마트라 기업으로는 메단 지방의 메이지(明治) 제 당계의 수마트라 홍업, 남양 고무, 수마트라 척식, 보르네오 고무, 닛신(日新) 고무의 여러 농원이 있고 또 지방에는 노무라(野村) 합명 남양 사업부의 팜유 및 커피 농원이 있다. 이들은 모두 비교적 대규모 경영으로 소농원으로는 붕쿨루주의 체롭에 있는 다카다(高田) 농업이 양봉업에 종사하는 외에 대부분 전부 고무 재배에 종사하고 팜유, 커피 재배는 아주 일부분에 지나지 않는다. 그리고 대부분은 저지(低地) 농업이다.

수마트라의 고무 재배 업자는 가격 폭락 때문에 말레이반도의 일본인 동업자와 함께 오랫동안 고민해 왔는데, 최근 고무 가격이 회복 보조로 전환됨과 함께 사업계도 어느 정도 활기가 돌아온 것은 무엇보다 기쁜 것이다.

메단 재주 일본인은 유럽 대전 당시 잡화의 유입을 기회로 이주하여 각지에 농원을 연 사람이 많으며, 20~30년 거주자는 자라에 있다. 때문에 기풍도 순박하고 정이 많으며 무슨 일이 있으면 일본인이 모여서 서로 얘기하거나 즐기거나 하는 것은 경쟁이 심한 자와 등에서는 볼 수 없는 친근함이 있다. 일본인회에서는 초등학교를 경영하고 있고 현재 학생이 51명인데, 연 1회 열리는 운동회에는 각지로 흩어져 일하고 있는 졸업생까지 꼭 돌아와서 남녀노소 모든 일본인이 각종의 유희를 향락하는 모습은 눈물을 자아내는 풍경이다.

보르네오섬

네덜란드령 보르네오는 보르네오섬의 남부에서 북서부는 사라왁 (Sarawak), 영국령 북 보르네오와 경계를 접하고 있다. 총 면적은 20만 8천810평방 마일로 전체 보르네오의 7분의 5를 차지하며, 인구는 총 192만 2천400명이다.

네덜란드는 이 지역을 동남주와 서주로 나누어 통치했는데, 개발은 수마트라나 술라웨시보다 더뎌 영내에는 미개척 산림, 원야가 많고 교통이 불편하여 현재 개척된 부분은 하천 유역 지방에 한정되어

보르네오섬 반자르마신항

보르네오섬 바리토강

있다. 동남주에는 바리토강 및 그 지류 지방과 구테강의 하구 지대, 서주에는 카푸아스강 지역과 북서 해안 지방뿐이다.

기후는 대체로 보르네오의 다른 섬들과 큰 차이가 없고 연중 건기와 우기로 나뉘며, 강우량은 1년에 2천mm이다.

주민은 대개 말레이족으로 오래전 도래한 선주민족 다약족과의 혼혈족이다. 다약족은 현재 오지 깊숙이 물러났다.

주요 도시로서는 첫 번째가 반자르마신(Banjarmasin)이다. 바리토강의 지류, 마르타푸라강을 사이에 세워진 시가지로 인구는 4만 명, 일본 본토 각지 물자의 집산지로 장래 개발 가능성이 많은 신흥 도시이다. 부근의 원주민은 대체로 근면하고 여유 있는 생활을 영위하는 자가 많다. 또 이 근교에 있는 마르타푸라는 다이아몬드의 산지로 알려져 있다. 폰티아낙(Pontianak)은 적도 바로 아래의 도시로 유명하고 카푸아스강의 지류 작은 카푸아스강 하구 근처에 있는 인구 2만 3천의 보르네오 서주의 수도이다. 카푸아스강을 마주하고 있는 폰티

보르네오 등나무 정제

아낙은 바리토강을 마주하고 있는 반자르마신과 같이 그 유역 일대 토산물의 집산지가 된다. 이곳에서 북쪽의 잠바스강에 이르는 해안 지방은 예전부터 싱가포르와 교통이 활발하여 네덜란드령 보르네오 중에서 가장 일찍이 개방된 지방이다. 또 이 지역에는 중국인 거주자가 많아 흔히 이 지방을 '시나군(支那群)'이라고도 한다.

네덜란드령 보르네오 거주 일본인은 비교적 많아 1933년 현재 남자 484명, 여자 226명으로 합계 710명이 있으며 직업별로는 농경, 원예, 축산, 임업, 임업 노동자, 세탁업, 음식료품 제조, 의복점, 토목 건축, 회사원, 상점원, 사무원, 예기, 흥행장, 대석(貸席), 이발, 일본식 머리 기술자, 욕장업, 교통업, 의사, 미술 음악가, 가사 고용인 등이다.

이 지역의 일본인 기업의 상태를 보면, 주로 고무 재배나 코코야자 재배이고 그 외에 커피, 후추, 기름야자, 쌀, 차를 재배하는 자도 있다.

최근 사마린다 상류지역에서 미쓰이물산(三井物産)과 일본석유(日本石油)의 합동경영으로 석유 광산 채굴에 종사하여 이미 투자액 300만 엔을 넘었지만 아직 기대에 미치지 못하고 전문 업자가 아닌 미쓰이는 다소 주춤한 것으로 알려졌다. 이들은 개인 경영이지만 동시에 국가적 사업이기도 하므로 정부는 기꺼이 적절한 원조를 제공하여 장래의 대성을 위해 한층 더 노력을 촉구해야 할 것이다.

술라웨시섬

술라웨시는 네덜란드령 보르네오의 동부에 위치한 도서(島嶼)로 면적은 18만 8천940km이고, 인구는 약 352만 명이다. 섬에서 가장 개발된 곳은 북부 반도의 미나하사 지방과, 남부의 마카사르를 중심으로 한 지방뿐이지만 서서히 개발이 진행되고 있다.

기후는 다른 네덜란드령 지방과 크게 차이가 없고 산맥이 옆으로 뻗어있기 때문에 그 영향을 받는 경우가 많다. 평지의 기온은 연중 변화가 적고, 해안 지방은 평균 섭씨 26~27도이다.

주민은 대부분 토착민으로 주로 부기족, 마카사르족, 토라자족 그리고 미나하사족이다. 부기족과 마카사르족은 원래 같은 종족이었으나 언어를 달리하는 것이 특징이다. 그들은 절개를 중요시하는데 상무(尙武)의 기상이 넘치고, 성질이 급하고 사나워 해상 생활에 익숙해 조각배를 몰고 멀리 타국으로 나가 상업한다. 대체로 복수심이 강해 화가 나면 생명을 걸고 싸움을 마다하지 않지만 추장에게는 매우 순종적이다. 평상시에는 대개 반라로 생활하고 부부가 각각 재산을 소유하며 부권(婦權)이 강해 추장 중에 종종 부인을 볼 수도 있다. 토라자족과 미나하사족은 부기족에 비해 지식수준이 낮고, 약 20년 전까

술라웨시섬 마카사르항을 멀리서 바라봄

지는 수렵 풍습까지 행해졌으나, 근래 들어 야만적인 풍습은 거의 없어지고 거세된 듯 순종적이다. 대체로 피부색이 하얀 남자는 특히 잘생긴 경우가 많고 그들 중에는 일본인과 선조가 같다고 믿는 이도 있다.

주된 도시는 마카사르와 마나도 두 곳뿐이다. 마카사르는 1848년 이후의 개항장으로 본섬 남부의 물자 집산지일 뿐만 아니라 동쪽은 말루쿠, 뉴기니, 남쪽은 플로레스(Flores) 제도, 북서 해안의 호주, 서쪽은 동부 보르네오 물자의 드나드는 입구 역할을 하여 무역이 매우 성행하고 시중은 매우 번성하다. 인구는 5만 7천 명으로 진주조개, 소라, 코프라, 향료 등 여러 섬들의 물산 수출이 눈에 띤다. 또한 육지는 이곳을 중심으로 자동차 도로가 사방으로 뚫려 교통편이 나무랄 데가 없다. 동쪽의 부톤(Buton)섬에서는 진주조개 양식이 이루어져 현재 미쓰비시상사(三菱商事)의 양식장이다.

마나도는 미나하사 지방의 중심으로 인구 2만 8천, 풍광이 대단히

술라웨시섬 미나하사주 원주민 풍속   술라웨시섬 미나하사주 원주민 춤

아름다운 항구이다. 최근에 우리의 남양청 관할에 있는 캐롤라인, 팔라우 군도와의 교통편이 열렸고 필리핀 민다나오섬 다바오와 배편이 생긴 후 이 방면으로 도항하는 일본인이 급증하여 장래의 발전이 기대된다. 미나하사 지방은 네덜란드령 동인도 중에 가장 인문이 발달한 지방으로 따라서 생활 수준도 높다. 육상 교통은 매우 발달했고, 수려한 풍광과 청량한 기후는 남양에서도 별천지를 이룬다.

술라웨시 지방의 거주 일본인은 부근의 섬을 포함하여 330여 명, 직업은 회사원, 상점원, 어업, 제염업, 노동자, 차마업, 자동차 운전수, 농경, 원예, 상점 등이다. 대부분 코코야자 재배에 종사하며 전 섬의 재배 총 면적은 1천969정보에 달한다. 다음으로 사고[11]가 660정보, 커피가 202정보로 그 외에 고무 재배, 쌀 농작, 밭벼가 재배된다. 재배 지방은 주로 마카사르와 마나도 부근으로 이에 따른 투자액은

----

11 사고야자의 나무에서 채취한 쌀알만 한 전분. 식품 또는 풀의 원료로 쓰인다.

약 200만 엔이다.

코코야자가 이 지역에 적합한 것은 술라웨시 일대가 화산맥 지대로 재배에 알맞은 토양이기 때문이다. 커피 재배는 브라질 외에도 강대한 경쟁자가 있고 시가의 변동도 현저하여 사업 그 자체의 안전성은 부족하지만, 소자본으로 착수할 수 있음이 편리하여 상당히 유망시 된다.

쌀 농작은 수리의 편의만 있으면 거의 연중 수확할 수 있기 때문에 장래에 기대되는 사업 중 하나이지만, 이는 대규모 경영이 유리하게 평가된다.

술라웨시 전 섬 중에서 북부 미나하사 지방은 우리 남양군도와 직통 항로가 있어 매우 밀접한 관계에 있다. 이 지방에서 활동하는 일본인의 사업을 살펴보자.

마나도에 온 여행자는 해발 2천m의 칼리파산이 왕성히 밥을 품고 있는 모습을 항구 저 멀리서 바라볼 것이다. 이 화산은 산세가 마치 우리 후지산과 비슷해서 마나도 후지라 불린다. 마나도만의 절경은 톤다노 일대의 고원과 어우러져 남양에서의 일대 낙원을 이루어 나그네의 정을 달래기에 충분하다.

마나도에서 톤다노 고원까지의 드라이브는 매우 쾌적하다. 길게 뻗은 산길이 30여 마일로 넓지는 않지만 포장도로가 좋다. 길가의 풍경은 가루이자와(輕井澤)나 주젠지(中禪寺)의 별장 지대와 비슷하고 오가는 원주민의 얼굴은 일본 본토인과 흡사하며 초등학생 아동 등은 일본인과 쏙 닮았다. 특히 원주민이 일일이 인사를 하거나 말을 걸어 일본인에게 호감을 드러내는 것은 기분이 좋다. 도중에 고분이 있다.

크고 작은 묘석 400여
개, 모두 전립(陣笠)[12]을
쓴 일본 옛 무사의 모습
을 닮아 일본인 묘라고
전해진다.

술라웨시섬 미나하사주 톤다노 폭포

　산정의 일대 평원은
이른바 톤다노 평원이
다. 톤다노호는 둘레 22
마일, 해발 600m 지역으로 호숫가 평지에서는 질 좋은 쌀이 생산된
다. 기온은 항상 60도 내외로 조금도 남양에 있는 듯한 느낌이 들지
않는다. 톤다노 마을만으로도 인구가 1만 5천 명으로 호반 전 주민을
합하면 10만을 넘을 것이다.

　토모혼(Tomohon) 마을은 인구 1만 3천 명으로 주택, 학교, 관청,
상점 등이 정연하게 늘어서 있고 정원에는 화초 수목이 있어 차창으
로 비치는 마을의 아름다움은 한 폭의 그림과 같다.

　마나도에는 남양 무역회사의 지점장이며 우편선 회사의 대리점을
하고 있는 야마자키 군타로(山崎軍太郎)가 있다. 후쿠오카현(福岡縣)
출신으로 도항 후 벌써 20년이 지나 현재는 일본인회의 대표로 공사
를 불문하고 일본일을 위해서 힘쓴다. 또 무역 잡화인 후타바상회(二
葉商會)의 야나이 미노루(柳井稔), 조선 및 어업의 오이와 이사무(大岩

----

12 옛날에 졸병들이 전쟁터에서 투구 대신 쓰던 일종의 전투모이다.

술라웨시섬 미나하사주 톤다노강의 맑은 물

勇)가 있다. 네덜란드령 동인도에는 조선업자가 거의 없어 400~500 톤급의 기선은 모두 오타니(大谷) 군의 조선소에서 만들어 진다.

톤다노 고원에는 남양 무역 농원의 지배인 세가와 코조(瀨川幸藏), 잡화상 야마다 마사오(山田正雄), 야채 재배의 우에다 가쓰미(上田勝三) 등이 있다. 이곳 농원은 모두 오타니 코즈이(大谷光瑞)가 경영하고 있었는데 지금은 전혀 관계가 없는 듯하다.

마나도 북부에는 비퉁항이 있다. 어선은 대개 이 항을 근거지로 한다. 현재의 발동기선은 도합 9척으로, 경영자는 니치란어업회사(日蘭漁業會社)가 1척, 오이와 이사무가 6척, 다니미즈 히코시로(谷水彦四郎)가 1척, 그리고 토사마루(土佐丸) 조직이 1척을 소유한다. 근해의 성어기는 7, 8, 9월 3개월이지만 연중 종업할 수 있다. 어획고는 월평균 3~4천 엔으로 생물이나 훈제로 판다. 사료인 정어리는 후릿그물(地曳網)이나 타키이레그물(焚寄網)[13]로 잡는데 안타깝게도 풍부하지

....
13 화톳불을 피워 물고기를 끌어당겨 잡는 그물이다.

는 않다. 사료만 충분하다면 더욱 배를 늘릴 수도 있지만 옹이 제조 및 기타 육상 설비를 완성해도 20척 정도가 고작일 것이라고 한다.

어획물 판매는 마나도가 중심이 되며 하루 판매고는 3천 마리 내외이기 때문에 이 이상이 되면 옹이 제조를 해야 한다.

마나도에서 동쪽으로 200해리 떨어진 곳에 할마헤라가 있다. 이곳에서 에가와 슌지(江川俊二)가 활동하고 있다. 이 근해에도 정어리는 있지만 역시 사료가 충분하지 않다. 여기에서 약 90해리 떨어진 곳의 바디안(Badian)섬에는 사료가 풍부하다. 이 지방의 정어리 어업은 소규모 경영에 적합하고 원양 어업식의 경영은 적합하지 않는 것이 실제 전문가의 의견이다.

마지막으로 네덜란드령 정청은 영해 내의 외국인 어업을 전대로 허가하지 않는 방침이므로, 일본인 어업가는 원주민의 권리를 이용할 수밖에 없다. 현재 오이와는 원주민을 추가한 어업회사(コンス)를 조직하고, 전 연안에서 어업하는 허가를 얻었다. 앞으로 일본 본토의 일본인이 이 방면으로 출어할 경우 이 점에 대해 충분히 고려해야 한다.

뉴기니섬

뉴기니섬은 제1차 세계대전 이전에는 영국령, 독일령 그리고 네덜란드령의 3개로 나뉘어 있었다. 즉 섬 내의 동경 141도 동쪽 땅의 남쪽 반은 영국령, 북쪽 반과 부근의 섬들은 독일령이었으나, 독일령 뉴기니는 현재는 호주 연방의 위임통치 지역이 되었다. 네덜란드령 뉴기니는 동경 141도 서쪽 지역으로 네덜란드령 동인도중에 가장 개발이 더딘 지방에 속하여 거의 미개발 상태라고 할 수 있다. 총 면적은 40만km, 인구는 19만 명으로 추정된다.

북쪽 해안 지방에는 상당히 넓은 평지가 있고 크고 작은 많은 하천이 그 사이를 흘러 관개가 좋고, 기후도 온화하여 일본인의 수전 경작에 매우 적합하다. 영내에서 어느 정도 개방된 곳은 북쪽 해안의 마노콰리(Manokwari), 서쪽 해안의 파푸아 바랏(Papua Barat),[14] 그리고, 남쪽 해안의 메라우케(Merauke)의 세 지역이다. 네덜란드의 KPM회사의 정기선은 이 세 항구에 기항하고, 그 밖에도 북쪽 해안의 뎀타, 호란디아, 사루미, 우오시오, 서쪽 해안의 소롱, 코카스, 마이카나

----

14 혹은 서파푸아.

뉴기니섬 마노콰리항

뉴기니섬 마노콰리 해안 상점가

등의 작은 항에도 기항한다.

뉴기니는 극락조(極樂鳥)에 의해 알려진 지방으로, 영내의 산업은 아직 그렇다 할 것이 없고 마노콰리 지방과 그 외에서 야자나 케이폭 재배가 소규모로 착수된 것에 불과하다. 메라우케는 남쪽 해안이 영국령 경계에 가깝고, 네덜란드령 관청은 장기 죄수들을 이곳에 수용해 개전을 꾀하며 토지 개척의 노역을 시키고 있다.

주민 중 원주민을 파푸아인이라고 부른다. 흑인종에 속해 언뜻 사나워 보이지만 문화는 비교적 발달하였고 야자, 얌,[15] 타로토란,[16] 그리고 고구마를 재배하며 삼림을 개간하여 부락을 이루고 있다. 육상 거주자는 나무 위에 오두막을 짓고 서식하며 해안에 사는 사람 중에는 강바닥에 말뚝을 박고 여기에 판잣집을 지어 군거하는 사람들이

....

15 참마속 식용 식물의 총칭. 열대 아시아 원산.
16 태평양 여러 섬에서 널리 주식으로 먹는다.

있다. 이 외에 카야카야(kayakaya)족, 멜라네시아(Melanesia)인, 폴리네시아(Polynesia)인이 소수 있다. 카야카야족은 용모가 기이하여 머리에는 깃털을 장식한 관을 쓰고, 동물의 뼈로 코를 뚫으며, 가슴에는 돼지 등의 이빨을 연결해 과시하고 여자는 보통 나체나 마찬가지이다. 이 인종은 잔인하고 수렵의 풍습이 남아있는데, 최근에 점점 이러한 야만적인 풍습을 그만두고 특히 외국인에게 위해를 가하는 일이 거의 없다고 한다.

거주 일본인은 부근의 작은 섬을 포함하여 현재 210여 명이다. 남양코하쓰회사가 최근에 이 지역 개척에 힘쓰고 있는 것은 이미 우리 남양 위임통치 지역 페이지에서 서술했지만, 그 외의 일본인 경영에 관련된 재배업은 코코야자로 농원은 두 곳에 불과하다. 이렇듯 이 지방에서의 일본인의 발전은 극히 미미하고, 네덜란드령 동인도 중 자와는 이미 전부 개간하여 남은 곳이 없다. 수마트라도 80% 정도는 우량지의 소유주가 정해져 버린 오늘날, 뉴기니는 보르네오, 술라웨시와 함께 앞으로 일본인들이 지상과 지하로, 또한 해상으로 뛰어난 재능을 발휘해야 할 하늘이 내려주신 발전지가 되어야 한다.

요컨대 뉴기니는 아직 조사 단계에 있어 섬 내에 어느 정도 풍부한 자원이 매장되어 있는지 아무도 모른다. 네덜란드령 관청에서도 자주 조사대를 뉴기니에 파견해 내부 조사를 하고 있는데 최근 과학조사동인도위원회(科學調査東印度委員會)가 정부에 제출한 「북부 뉴기니 토양 조사」 제1회 보고에 따라 이하에 그 개요를 적어 보자.

이 보고는 일반농사 시험소의 지질부가 공동으로 작성한 것으로 조사 범위는 호란디아부 관할 구역인 핌 지방 해안과 구릉지대, 코라

타자, 센터니호, 이팜므, 도야발 사브롱, 말리브 및 디파플레 지방에
이른다.

오테파만를 따라 핌 지방의 해안 지대에 대해 특필해야 할 것은,
만내에 융기 장소가 많아서 작은 배조차 입항이 불가능한 것이다.
그래서 선적은 핌으로부터 15km 떨어진 호란디아에서 행하고, 산로
를 넘어 연락해야 한다. 이 지방의 토양은 백색 패곡질의 석회 사토로
이루어져 있으며, 부근에는 칼라파야자가 우거져 있고 좋은 발육을
보이고 있다. 원주민 부락은 수중의 말뚝 위에 지어져 있고, 어획물
이나 임산물로 생활하고 있다. 삼림 산물 중에는 특수한 난이 있어
이것들 임산물은 호란디아에서 중국 상인 또는 드나드는 선박에 매각
한다.

핌의 뒤쪽은 바로 150~200m의 구릉지로 북쪽으로 갈수록 불모의
산지이다. 이 부근의 토양은 10~20cm 두께의 암석성 부식토의 지형
으로 매우 단단한 암석 풍화층이 가로로 갈라지고 그 아래는 두꺼운
절단 가능 사암으로 되어 있다. 동쪽 사면의 토양은 대부분 거칠고
거친 사질토이며, 게다가 수원도 부족하여 이 지방은 농업지로 천거
하기 어렵다.

코타라자 평야에는 2명의 독일인이 이주해 있다. 평야 중앙에는
약간 높은 건조 지대가 있고 그 동쪽은 진창지, 남쪽은 늪지대에 접해
있다. 면적은 약 200헥타르지만 대부분은 위의 독일인이 점유해서
케이폭, 커피, 카카오, 파파야를 재배하고 있다. 이 평야는 약 150헥
타르가 농업, 특히 수목 재배에 적합해 보여 만약 늪지대를 개척하면
꽤 큰 쌀 재배에 적합한 토지를 얻을 수 있을 것이다. 하지만 대체로

지질은 빈약하다.

면적 약 3500헥타르인 데야우 평야는 센터니호의 북쪽에서 서쪽으로 펼쳐지고 해발 100~200m로 보고는 시크로프 산맥의 지맥 및 남쪽의 구릉 뒷편 도자이 평야, 와이브롱바노 부근 평야, 말리브 평야를 포함한 칸톤 부근 구릉지, 그리고 디파플레의 해안 지방에 이른다. 그리고 이 지방들 중에서 농업에 적합한 곳으로 잠정적으로 적출한 곳은 다음과 같다.

  (1) 도자이, 와이브롱바노, 말리브 평야 및 사브롱 서쪽 지역.
  (2) 데야우 평야의 서부 지구의 도로 남측과 코라타자 평야의 동부, 이상 양쪽이 너무 자갈이 많지 않은지 진창이 아니면 괜찮다. 센터니호 부근의 카야브 평야도 건조되었다면 이 부류에 넣어도 좋다.
  (3) 시크로프 산맥 및 그 지맥 산지에 있는 센터니호의 북서쪽 구릉지대와 핌, 그리고 센터니호 중간에 위히찬 구릉지대.

이는 일부 지방의 조사에 불과하지만 이를 통해 이를 통해 보더라도 그 내지가 얼마나 미개발 상태로 남아있는가를 알 수 있을 것이다. 하물며 호주 위임통치 지역은 본국조차도 인구가 희박하고 개발을 기다리고 있는 상태이니 그 시설은 상상하기 어렵지 않다. 하지만 앞서 서술한 바와 같이 뉴기니의 해안 일대는 비스마르크(Bismarck) 군도 부근과 함께 어패류가 풍부하다는 것이 우리 남양청 수산조사에서 이미 밝혀졌다. 일본·네덜란드 협상이나 일본·호주 친선의 좋은

기회를 맞이하고 있는 오늘날, 일본은 경제적 남방 개발과 인구 문제
를 해결하기 위해서 반드시 이 방면으로의 진출은 각하의 급선무이므
로 정부는 외교적으로 네덜란드, 호주 양국과 교섭하여 일본인의 남
진책에 도움이 되어야 한다.

영국령 남양

영국령 말레이

1. 행정일반

영국령 말레이는 말레이반도의 남부, 즉 북위 6도 55분부터 1도 16분에서 끝나는 부분과 23개의 작은 섬들로 되어있디. 영국이 여기에 세력을 부식한 것은 1819년, 조호르 왕과 조약을 맺어 싱가포르를 할취한 것이 발단이 되어, 그 이래로 이 땅을 대 남양 발전의 근거지로서 기회가 있을 때마다 부근의 원주민 왕국을 길들여 현재의 영국령 말레이를 건설한 것이다.

정치적 구분에 따르면 영국령 말레이는 해협식민지, 말레이 연방주, 말레이 비연방주 세 구로 나뉜다. 해협식민지는 소위 황령(皇領)으로서 싱가포르, 페낭(彼南), 말라카 세 식민지가 여기에 속하고, 말레이 연방주는 원주민 왕국 가운데 페락, 슬랑오르주, 네그리 셈빌란, 파항 네 주를 가진 연방을 조직하여 영국의 보호령으로서 한 것으로, 각 주에는 영국인 지사가 주재하여 주내 행정 지휘의 임무를 맡았다. 위의 연방에 가맹하지 않은 각 주, 즉 조호르, 크다, 프를리스, 클란탄 및 트렝가누의 다섯 토후주는 조약에 의해서 영국의 보호를 받고, 외교는 일절 영국이 대행하여 주내 통치에서도 영국 고문관이 참여하지만 각 주 사이에는 상호적으로 관계가 없어 비연방주의 칭호도 연방주에 대한 일반적인 호칭에 지나지 않는다.

2. 지형, 면적, 인구

지방은 아주 옛날에는 수마트라, 자와, 보르네오와 접하여 광대한 육지를 형성하고 있었다고 전해지나, 과연 반도의 산맥계를 보면 여러 조의 산맥이 북쪽으로부터 남쪽으로 뻗어 바다로 들어가고 있다. 중앙 산맥에는 7천 척 이상의 높은 봉우리가 다섯 개 정도 있어 산맥과 산맥 사이는 일반적으로 낮고, 육지로 깊이 들어간 산악지대에서조차 420~30척의 고도에 지나지 않는다. 한편 하천은 옛날부터 내륙의 주요한 교통로로서 사용되었고, 오늘날에도 미개척 지방에서는 역시 유일한 교통로가 되고 있다. 서해안으로 흘러드는 것은 진흙으로 채워져 뱀장어가 사는 습지를 형성하고 있지만, 동해안으로 흘러드는 하천은 항상 강한 바람이 몰아쳐서 자연스럽게 하구에 모래톱이 생겨 뗏목의 항행에 지장을 받는다. 빠른 기세로 개척이 진행된 것은 서해안 부근으로 중앙 산맥의 서쪽에 기복하는 구릉지대나 거기서 해안에 달하는 평야 일대에 영국령 말레이의 거의 모든 재배 고무가 심어져있다.

영국령 말레이의 면적은 약 13만 6천km이고, 인구는 근근이 350
만을 넘지 않는다. 그 40%는 말레이 사람이 차지하고, 중국인 50%,
인도인 10% 이하, 그리고 아라비아인, 자와인, 일본인, 구미인의 비
율로 다수의 인종을 포용할 뿐 아니라 같은 인도인이라도 이슬람교와
불교로 나뉘며, 중국인 가운데서도 출신지가 다른 것에 따라 당파가
있어 극히 복잡한 사회상태를 나타내고 있다. 영국은 이러한 사회상
을 충분히 익혀, 각 인종의 풍속습관의 견고함을 존중하고 있다. 따
라서 터무니없는 압박이나 개정을 강요하지 않고, 지극히 관인의 태
도로 임하여 각자로 하여금 모두 그 업에 안주하고 즐겁게 하는 통치
의 교묘함을 보이고 있다.

3. 영국의 산업정책

말레이반도에 대한 영국의 산업정책은 자유주의라는 한마디로 정
리할 수 있다. 그렇기에 산업개발에 있어서도 정부의 시설은 철도,
도로, 항만 및 위생의 4대 정강(政綱)에 전력을 다하고, 농, 공, 상,
광, 어업 어떤 사업에서도 그 종주권을 침해할 염려가 없는 것은 절대
로 자유방임의 방침을 가지고 각 토후주를 지도한다. 특히 인구가
희박하고 또 인구의 반수를 차지하는 말레이인은 원래 나태 열악하
여, 노력의 공급자가 되지 못하기 때문에 반도의 생산과 개발을 성행
시키기 위해서는 아무래도 각국의 이민을 초래할 필요가 있었다. 때
문에 종래 영국령 말레이에 있어서 왕래, 거주는 어느 나라 사람에

대해서도 평등하게 허가받아 이민 기금 제도를 마련하여 인도인의 도래도 환영하고 있다. 오늘날까지 말레이를 개척한 것은 말레이인이 아니라 중국인, 인도인이라고 일컬어진다. 고무 재배업에서도 각국의 자금이 방류되었는데 석광(錫鑛)에는 중국인, 호주인이 다액의 자금을 투자하고, 또 일본인이 조호르주나 트렝가누주에서 철광 채굴 사업을 대규모로 경영하고 있는 것도 필경 문호 개방, 자유주의가 가져온 수확임에 다름없다.

그러나 토지만은 모든 토지가 통치자에게 전속된다고 하는 사상에 근거하여 소유권을 인정하지 않는다. 이것은 자유주의의 예외라고도 보이지만 한편으로는 영구 차지권(永借地權)의 취득을 허락했기 때문에 사업 경영상에 실제 지장은 없다.

무역에 관해서는 해협식민지는 오래전부터 자유무역주의로, 그 항만 내는 자유항이기 때문에 모든 수입상품에 관세를 부과하지 않는다. 다만 수입의 목적으로 과거에는 술, 담배에 소비세를 과하고, 아편은 정부 전매였으나 최근 들어 영국 본국에서는 일본 상품 방지의 목적을 띠고 식민지에 할당제의 실시를 단행하게 되었다. 이것이 일본 상품에 어떤 영향을 미칠지는 앞으로의 실적을 기다려야 한다. 수출 상품에는 산업 보호의 관점에서 각종 제한이 규정되어 있다. 예를 들면 고무 수출 제한, 석광의 영국령 이외로의 수출 제한 등이 그 예이다. 연방주나 비연방주에서도 대체로 해협식민지와 같이 자유무역주의를 택하였으나 수입 또는 산업상의 고려로 수출입 상품에 다소 관세를 부과하고, 해협식민지에서는 무관세의 상품이라도 이러한 지방에서는 과세를 면하지 못하는 경우가 있다.

4. 기후와 위생

말레이반도는 열대지이지만, 일 년 내내 매일 같이 소나기가 내리기 때문에 비교적 견디기 쉽고, 나무 그늘 등은 화씨 100도 이상 올라가는 일은 희박하다. 밤이 되면 대체로 80도 이하로 떨어져 그늘 아래의 평균 온도는 80~70도이기 때문에 일본의 여름과 크게 다르지 않다.

위생 상태는 열대지방이고 어쨌든 주민의 대부분을 차지하는 말레이인, 중국인, 인도인 등의 위생 사상이 미숙함으로 결코 양호하다고 할 수는 없다. 이질, 폐결핵, 폐렴, 각기 등이 상당히 많고 때에 따라 페스트, 콜레라, 천연두까지도 발생하는 일이 있다. 그러나 이러한 악성 유행병의 희생이 되는 것은 대체로 말레이인, 중국인, 인도인에 한하고 일본인이나 구미인은 그다지 감염되는 일이 없다.

풍토병은 말라리아를 제1로 하여 각기, 십이지장충 등이 있으나 특히 말라리아로 쓰러지는 사람은 전체 사망자 중의 반수를 차지하고 있다. 그것 때문에 비옥한 토지가 미개척인 채로 방치되어 있는 곳도 많아 정부는 거액의 비용을 투자하여 극력 박멸책을 강구하고 있으나 아직 전멸하는 데에는 이르지 못하고 있다. 각기는 상시 백미를 먹는 중국인 노동자들에 많고 십이지장은 원주민에 많다. 일본인이라도 고무산에서 일하는 사람은 풍토병의 피해를 입는 자도 있으나, 평시 충분히 주의하는 것을 소홀히 하지 않으면 그렇게 걱정할 필요는 없다.

요약해보면 말레이반도는 아직 건강한 땅이라고 할 수 없는 것은 각 주(州) 중 출산보다 사망이 많은 곳이 있다는 사실에서도 분명하지만, 희생자의 대다수는 위생 사상이 부족한 말레이인, 중국인, 인도인이다. 만약 병에 걸렸다고 하더라도 정부의 시설이 되는 다수의 의료기관이 있어 무료 치료 병원도 있으므로 완전한 치료를 받을 수 있다.

5. 언어, 교육, 종교

언어는 일반적으로 말레이어가 공용으로 이것만 되면 어디에 가도 불편함을 느끼는 일은 없다. 그 외에 힌두스탄(페르시아)어, 타밀어, 포르투갈어, 네덜란드어, 영어 등도 상당히 사용되고 있다.

재외 일본인이 가장 고민하는 문제는 여기서도 자녀의 교육이다. 일본인의 교육으로는 각지에 소학교가 있어 내지와 같은 교육을 실시하고 있는데 개중에는 외인의 중등학교에 다니는 사람도 있으나 더욱이 유감스러운 점이 있는 것을 피할 수 없다. 이것은 일본인의 해외 발전상 정부와 민간이 함께 숙고를 요하는 가장 긴요한 실제 문제이다.

영국령 말레이는 인종적으로 복잡하기 그지없는 것과 같이 종교도 상당히 복잡하다. 현재 이루어지고 있는 종교는 이슬람교, 불교, 힌두교, 기독교, 시크교이다. 말레이 원주민의 대부분 및 북방 인도의 이민은 이슬람교를 믿으며 불교 및 유교는 중국인의 대부분, 힌두교는 이주한 남인도인의 대부분이 믿고 있다. 기독교는 재류 유럽인 및 그 혼혈아들이 신봉하고 있으나 많은 경우 로마 가톨릭이다. 말레이인 또는 인도인의 일부는 시크교를 믿으며, 재류 일본인의 대부분은 불교를 믿지만 기독교 신자도 적지 않다.

6. 주요 도시

싱가포르 말레이반도의 선단에 있는 하나의 작은 섬에 건설된 해항도시로, 건설 이래 100년 만에 오늘날의 융성을 초래했다. 이 땅은 유럽과 호주, 동양과 유럽, 중

싱가포르 해안 길의 새벽빛

국, 일본과 인도, 아프리카에 이르는 각 항로의 요충을 점하고, 또 남양 각지의 교통 중심지이기도 해서 매일 드나드는 크고 작은 선박은 다수에 이르고, 일본 닛폰우편선의 유럽선, 인도선, 남미선, 남아프리카선, 근동선 등 정기선은 모두 이 땅에 기항하고, 부정기선까지 더하면 매월 출입하는 일본의 배는 50척 이상이며 일본 내지와의 사이에는 거의 격일 항편이 있을 정도로 밀접한 관계에 있다. 1929년 말레이 무역에는 수출 9억 3천 300만 불, 수입 8억 9천800만 불 합계 18억 2천900만 불로 그 70%는 실제로 싱가포르에서 거래되고 있다.

인구 42만 가운데 중국인은 31만으로 일컬어지며 그 외에 말레이

인, 인도인, 아라비아인, 구미
인, 유럽과 아시아 혼혈아 등
인종별로 40인종, 언어는 54
종으로 나뉘어 그 땅을 인종
박람회장으로 부르는 것도 과
연 그렇다고 수긍이 된다. 여
기에는 우리 총영사관이 있다.

싱가포르의 일본 정원 알카프 가든

페낭 싱가포르에서 뱃길로 370마일, 철로로 11시간의 작은 섬이
다. 모든 섬의 주민이 약 30만, 그중 조지타운이라고 불리는 시가지
의 인구 10만, 말레이반도 제2의 도시이다. 반도 방면 및 북부 수마트
라 물자의 집산지이며, 그중에서도 주석의 수출고가 높아 풍광이 아
름다운 좋은 항구이다. 극락사(極樂寺)와 사사(蛇寺) 등의 명소가 있고
우리 하세가와 시메이(長谷川四迷) 씨의 무덤도 여기에 있다. 맞은편
언덕 프라이(Prai)에서는 말레이반도 종관 철도로 34시간으로 시암의
수도 방콕으로 갈 수 있다.

말라카 싱가포르에서 뱃길로 110마일, 인구 3만여 명, 800년의 영
고성쇠의 자취를 그대로 이야기할 것 같은 고풍스러운 마을에서 포르
투갈의 옛 성이나, 네덜란드 동인도회사가 세웠다고 하는 말라카 정
부청 건물 등은 공연히 여행자의 회고의 정을 자아내는 것이 있다.

쿠알라룸푸르 영국령 말레이의 중앙에 위치하고, 연방주 및 슬랑오르주의 수도로 인구 10만, 중앙 평야에 지극히 성황을 이루는 신흥 도시이다.

이포 페라강을 끼고 신구 양 시가지로 나뉘며 인구 5만, 중국인 부호가 많다. 이것은 킨타 지방의 다수 석광을 부근에 두었기 때문으로 쿠알라룸푸르가 정치의 도시인 것에 비해 이포는 부의 도시이다.

타이핑 페라주의 수도로 인구 2만 5천 명이며 반도에서 가장 아름다운 마을 그리고 건전한 지역으로 알려져 있고 공원 및 식물관이 유명하다. 석광업 및 고무 재배의 중심지이기도 하며 또한 피서지로서도 알려져 있다.

세렘반 네그리, 샘비란 주의 수도로 싱가포르에서 철로 200마일, 인구 약 2만 명이다. 숲의 도시 세렘반은 차분한 느낌이 좋은 산간의 청초한 마을이다. 처음은 주석의 도시였지만 지금은 고무의 도시가 되었다. 이 시에서는 400명에 가까운 중국인이 있어 반도 가운데 가장 견실한 성공자를 다수 보유하고 있는 것을 잊어서는 안 된다.

조호르 바루 싱가포르의 북쪽에서 근소하게 18마일, 조호르주의 수도, 이슬람교의 도시이다. 조호르강의 연안은 일본인 고무 재배업의 발상지로 현재 그 중심지이기도 하며 크고 작은 일본인 고무원에 접하여 일본인 마을을 형성하고 있다.

바투파핫　싱가포르에서 육로 100마일, 이 땅은 조호르강 연안 및 세렘반과 함께 말레이에 있어서 일본인의 3대 발전지로 일컬어지며 부근에는 일본인의 고무원이 많다. 바투파핫의 철산은 우리 이시하라 산업의 경영에 관계하여 이 땅은 이 철광 출하를 위해 특별히 개항지가 된 것이다.

7. 말레이의 산업

농업　제1은 고무이다. 말레이반도 산업의 고무는 전 세계 수요량의 약 50%를 차지하여, 반도 도처에 광막한 고무원에 몇천만 그루의 고무나무가 울창하게 서 있는 광경은 실로 장관이다. 겨우 수십 년 사이에 놀랄만한 발전을 이룬 것은 반도의 기후가 고무에 적합했기 때문으로, 현재 고무원의 면적 214만 에이커, 그 투자액은 7억 5천만 불에 달하고 있다. 유럽 대전 이후 고무의 가격이 급락하고 관민이 협력하여 가격의 유지와 회복에 힘썼지만 신통한 효과를 나타내지 못하여 해당 업자는 누구나 곤경에 허덕이고 있으나 최근 얼마만큼은 회복하여 갱생의 빛이 보인다. 수출처는 미국이나 영국이 가장 많고 우리 나라에의 수입도 적지 않다. 연간 수출액은 37만 톤, 5억 2천만 불에 달하는데, 그것에는 반도의 생산뿐 아니라 수마트라, 보르네오, 사라와크, 인도, 버마, 프랑스령 인도차이나 방면의 산출도 포함되어 있다.

　쌀도 주요 농산물의 하나로 주민의 99%는 쌀을 주식물로 한다. 그러나 그 산액은 전 수요량의 40%를 채우는 데 지나지 않아 부족한

말레이반도의 고무숲과 베어진 상태

양은 버마나 시암에서 수입된다. 또 산출되는 쌀의 90% 이상이 논벼로 밭벼는 극히 적다. 그 논벼도 관개도 편하게 발달하지 못하고 원주민의 경영은 극히 소규모이므로 신통한 진보를 보이지 않는데 대규모 경영 아래 대관개를 실행한다면 앞으로 크게 증산할 수 있을 것이다.

옥수수는 쌀 다음으로 중요한 농산물이다. 현재는 재배법이 극히 성숙하지 않아서 몇 소규모이므로 조금밖에 생산되지 않으나, 기후가 옥수수 재배에 더할 나위 없으며 2개월 반에서 6개월이면 수확할 수 있어 대규모 재배를 실행한다면 상당한 성적을 얻을 수 있을 것에 틀림없다.

말레이반도는 야채 및 과일의 재배에도 적합하다. 야채는 연중 언제나 성육하기 때문에 상당히 유망시되고 있으나 중국인이나 인도인의 경영은 소규모이며 또 비위생적이다. 때문에 재류 구미인은 돌보지 않으며 감자, 인삼, 무 등 유럽인의 수요는 모두 수입품을 기다리는 모양이다. 과일은 열대지인 만큼 다종다양하지만 가장 중요한 것은 파인애플로 이것은 통조림으로하여 왕성하게 수출된다. 바나나는 반도에서 꽤 생산되지만 간신히 도내의 수요에 맞출 수 있는 것에 지나지 않는다.

코코야자는 반도 도처에 번식하며 특히 해안에서 잘 자란다. 한 그루에 1년 평균 5개의 열매를 맺어 1에이커에서 2천500개를 얻을 수 있고 4천 개의 열매에서 약 1톤의 코프라를 얻는다. 이 팜유는 버터 대용이나 식용 지방으로 이용되는 외에 비누, 양초 제조를 위해 세계적으로 수요되어 원주민은 이것을 요리용, 화장용, 등잔용으로 충당하고 지게미는 가축의 사료로 한다.

광업　주석은 고무와 함께 말레이반도의 주요 산물이며 세계 총 산액의 3분의 1을 산출한다. 광채굴 광업은 오래전부터 중국인에 의해 이루어져 왔으나 최근 구미인이 투자하게 되었다. 산지

스리메단 철광산 채광장

는 페라, 슬랑오르주, 네그리 셈빌란, 파항 네 개의 주가 중심으로 연간 생산액 880만담, 1억 3천만 엔에 이르며, 주로 미국과 영국 양국에 수출되는데 우리 일본에도 500만 내외로 수입되고 있다.

금은 라우브에서 채굴되고 연간 생산액은 약 1만 온스로 대부분은 해외에 수출된다.

주석은 이시하라 산업 경영의 남양 광업공사가 채굴하고 있는 조

호르주의 바투파핫의 철산이 반도 유일의 사업이다. 광석은 전부 규슈(九州) 야하타(八幡)의 제철부에 수입되는데 연간 생산액은 현재 100수십만 엔에 지나지 않는다.

그 밖에 석탄, 텅스텐 광업도 산출되는데 말레이 광업은 석광업이 거의 그 전부라고 해도 무방하다.

임업   말레이반도는 지금도 약 9만km가 숲으로 덮여있어 해마다 증가 재적 450만 톤, 1년 소비 견적 550만 톤, 그중 90%가 신재(薪材)로서 소비된다. 목재 중 겹치는 것은 '감나무과'에 속하고 특히 첸갈나무는 버마의 티크재와 같이 영국령 말레이의 표준 목재로 되어 있다. 반도 곳곳에 이 나무가 보이지 않는 곳이 없으며 특히 페라, 네그리 셈빌란, 파항, 슬랑오르주의 각 주에 많다. 그밖에 임산물로서 스틱은 세계저으로 유명하여 도항자는 빈드시 이것을 토산품으로 사는 모양이다.

공업   영국령 말레이는 전적으로 농업국이자 광업국이다. 공업으로 볼 수 있는 것은 거의 없다. 이 지방이 공업국으로서 세계시장에 보이는 것은 전도요원하여 오늘날 소규모지만 공업으로서 들어야 할 것은 겨우 파인애플 통조림 공업, 주석 정련업, 성냥, 고무 공업, 등세공, 유피 제조업, 기직업(機織業), 착유 공업 등에 불과하다.

상업   영국령 말레이의 주요 수출품은 고무, 주석을 시작으로 야자유, 곡류, 금속 제품 등이고, 수입품의 주요한 것은 음식료품, 고무, 가공유, 면 제품 등이다. 총 무역액의 약 70%는 싱가포르, 페낭의 양 항구에서 이루어지고, 그 밖에 말라카, 포트 스웨텐헴(Port Swettenham)[17] 등에 의지하고 있으나 일본과의 무역은 주로 싱가포르를 통해서 이루어지고 있다.

8. 재주 국민의 현재 상황

1933년도 영국령 말레이의 일본인 수는 5천864명, 그 가운데 남자 3천149명, 여자가 2천415명이었다. 현재의 재류 국민을 직업별로 보면 40여 종에 이르고 있는 가운데, 최대 다수를 차지하는 것은 회사원, 점원으로 어업 제염 노동자, 가사 피고용인, 예기, 창기, 작부, 물품 판매업, 여관, 요릿집 예기, 포주집, 유희장, 농경, 원예, 축산, 의사, 마사지 등 화가, 음악가, 사진사, 이발, 미용사, 목욕사, 목수, 미장이, 석공, 페인트직, 일반 상업, 피복류 제조 등과 같은 순이며, 그 외의 직업은 100명 이하의 소수이다.

위의 예에서도 알 수 있듯이 농업 이민보다는 상업 이민이 많고, 앞으로도 이 경향이 더욱 강해질 것으로 생각된다. 상업 이민에 뒤잇는 것은 어업 노동자이다. 해국 일본은 세계적으로 유명한 만큼 싱가포르에서도 어업은 크게 발달하여 어시장의 실권을 잡을 정도로 세력

....

17 현 말레이시아 셀랑고르 주에 있는 말라카 해협 연안의 주요 항구 켈랑 항의 옛 이름이다.

을 점하고 있다.

생활은 극히 간단하고 의류 등도 싼 여름옷 2~3벌이나, 홑옷 2~3
장 있으면 넉넉히 1년을 지낼 수 있는 한편, 수입은 어떤 직업에서도
일본보다 평균 50% 내외로 많기 때문에 생활에 여유가 있다. 재류
일본인은 대별하여 시가지에서 일하는 사람과 고무산에서 일하는 사
람으로 나뉘는데, 시가지에 사는 사람은 일체의 교화적 오락설비를
향락할 기회가 있는 대신 저축에 곤란한 결점이 있는 데에 반해, 고무
산에서 일하는 사람은 외롭지만 마음은 편하다.

도항자는 세월이 지남에 따라 남양의 편안한 생활에 익숙해져 나
태 방만하게 보내는 자도 적지 않다. 만약 당초 도남의 뜻을 잊지
않고 노력을 계속해 나가면 각자 저마다 상당한 성공을 거두는 것은
어렵지 않다. 실제로 수많은 반도의 일본인 성공자는 예외 없이 그러
한 노력가의 살아있는 본보기이나. 오늘날 발레이반도에서 활동하고
있는 일본인은 누구나 20여 년의 재류자가 많다. 그 선구자들 가운데
에는 고무산의 개간에 즈음하여 흑수열을 앓은 사람이 적지 않다.
현재 고무 낙원을 현출하기까지는 많은 세월과 이러한 다수 동포의
숭고한 희생이 치러진 것을 잊어서는 안 된다.

나는 전후 네 번 싱가포르를 방문하였으나 이번에 말레이 땅을 밟
고 27년 전 옛날을 회상해보며 어쩐지 감회에 젖지 않을 수 없었다.
당시 싱가포르라고 하면 일본인 매춘부의 근거지로, 말레이 거리는
실로 그들의 활동 무대였다. 그런데 지금 그 말레이 거리는 순 상점가
로 바뀌어 여전히 우리 동포의 활동 무대가 되고 있으나, 3천여 명에
달하는 낭자군은 완전히 그 모습을 감추어 버렸다. 예전에는 영사

관저나 미쓰이(三井), 우편선 사택 외에 볼만한 일본인 저택은 없었는
데 지금은 대중소 은행이나 회사 지점이 당당히 금간판을 내걸고 큰
길에 처마를 잇대고 있고, 사택 등도 상선, 쇼킹(正金), 다이킹(臺銀),
이시하라(石原) 산업, 미쓰비시(三菱) 등의 호사를 겨루고 있다. 그리
고 빛나는 우리 일장기는 일찍이 남양에서 눈에 띠는 것 중 첫째로
여겨졌던 영국의 깃발을 대신하려고 하고 있는 것이다.

이 발전을 보아도 나는 싱가포르를 본거로 하여 남양 각지에 돌진
한 일본인 도남의 선구를 이어받은 용감한 낭자군을 생각하지 않을
수 없다. 자가타라의 봄, 그것을 따르던 야마토 나데시코(大和撫子)[18]
는 어디로 갔는가. 반도의 도처에서 보는 그녀들의 무연불(無緣佛)은
적연히 물어보아도 대답이 없는 것이다.

싱가포르 교외의 서북 톰슨 거리 5마일의 땅 오다이 고무원 내에는
대 신궁이 건설되어 있는데 너무도 초라한 신전이다. 일본 정신의
기원을 이루는 이 신의 거처로서 재류 일본인이 크게 분발할 것을
재촉하고 싶다.

북 보르네오

영국령 북 보르네오는 보르네오섬의 북부 일대 지역과 북단에 있

---

18 야마토 나데시코(大和撫子)는 일본의 이상적인 여성을 미칭하는 말이다.

는 방게이(Bangei) 및 발람방간(Balambangan) 각 섬을 포함하여 영국
령 북 보르네오회사가 경영하고 있는 지방을 가리킨다. 광무(廣袤)
7만 5천km, 인구는 약 25~26만에 지나지 않는다.

지세 대체로 땅이 높고 습기가 적으며, 크고 작은 무수히 많은 산
맥이 전 영역에 충만하여 네덜란드령 내에서 볼 수 있는 대평원은
하나도 없다. 이들 산맥은 대체로 높고, 북서 모퉁이 해안에 가까운
키나발루 산봉우리 등은 1만 3천698척으로 보르네오의 최고봉이다.
연안 지방 북부에는 수목이 울창한 저지대를 맞대고 있는데, 북서안
으로 가면 저지대 등은 거의 없고 산기슭이 바로 검푸른 바다에 잠겨
있다. 내지 일대는 사람의 흔적이 닿지 않은 원시림으로 덮여있고
하천은 동북서의 세 방면으로 흘러 바다로 들어간다. 그중에서도 키
나파탕간, 세가마 및 바다스 세 강의 유역 지방이 비교적 개척되어
있어 주로 고무 및 담배의 재배가 이루어지고 또 해안 부근의 땅에는
야자가 심어져 있다.

행정·산업 영국령 북 보르네오회사는 1881년 11월 영국 황제의 칙
허 아래 설립되어 칙령으로 임용된 중역들로 이루어진 재런던(在倫
敦)의 중역회의가 최고 기관으로, 그 회의에서 선정한 다음 식민 대신
의 승인을 얻어 임명된 총독이 현지에 주차하고 직접 행정 일체의
요충을 담당하고 있다. 1888년 영국의 보호령이 되고 나서부터 해협
식민지 총독은 그 직제상 당령의 에이전트(대리관)를 겸임하고 있다.
  주민은 말레이인계에 속하며 해안 부근의 지방에 사는 사람은 어

업에 그 밖의 사람은 농업이나 천연 산물의 수집을 일로 하고, 산중 깊은 지방에는 원시 미개의 다이아 족이 있다. 대저 이 지방은 바다로 육지로 무한한 부를 지니고 있으면서도 국토의 개발이 다른 남양 지방에 비해 현저하게 열등한 것은 지리적 위치와 교통의 불편함, 영내 인구가 매우 희박한 것에 기인한다고 한다.

토지제도 앞서 말하였듯이 북 보르네오의 인구는 겨우 25~26만 이므로 영내 개발에는 아무래도 노동자의 수입이 절대적으로 필요하다. 그래서 북 보르네오 정청에서는 외국인의 입국에 번거로운 규칙을 만들지 않고 또 외자 유입을 용이하게 하기 위해 토지제도도 극히 간단하고, 확실한 투자가에게는 나서서 토지를 불하해주고 있다. 토지 불하의 조건은 다음과 같이 세 가지로, 각각 그 조건의 내용이 다르다.

> 가) 농민 조건(또는 소기업 용지 조건) 15에이커 이하의 토지
> 나) 특주 조건(또는 중소기업 용지 조건) 15에이커 이상 100에이커 이하의 토지
> 다) 회사 조건(또는 대기업 용지 조건) 100에이커 이상의 토지

640에이커 이하의 토지의 불하 및 조차는 당영 총독의 권한 내에 있으나, 이 이상의 토지에 대해서는 영국령 북 보르네오 회사의 런던 중역회의의 결재를 필요로 하게 되어 있다.

무역   수출입 상품은 거의 전부 관세를 부과하나, 영국 본국 및 아일랜드의 생산품만은 일부분 얼마 정도 반환받을 수 있다. 영내의 교통은 꽤 불편하여 도시 부근에 도로가 약간 뚫려있는 외에는 대체로 하천을 통한 교통이다. 철도는 제셀톤(Jesselton)으로부터 남방 지대에 가는 연장 129마일이 있는 정도로 그것조차 장작을 연료로 하여 속력이 너무 느리다. 해외와의 교통은 거의 전부 싱가포르 경유로 해협 기선 회사의 배가 일주일에 한 편의 비율로 취항하는 외에 홍콩과의 사이에 부정기 편선이 있다. 일본에서 이 땅에 도항하는 것은 오사카상선의 남양 항로의 배나, 자와 차이나 기선 회사의 호주행 배에 타면 직접 올수있다. 따라서 무역 계통도 대체로 해운 상태와 같다.

화폐 제도는 해협식민지와 같아 영국령 말레이의 화폐가 그대로 이 지방에서 유통된다.

도시   주요 도시로는 서쪽 기슭 부분의 가야만에 접하는 제셀톤, 동부 산다칸 만에 접하는 산다칸이 있다. 제셀톤은 인구 1만이 되지 않으나 북 보르네오 철도의 기점으로 오지가 점차 개발되면 이 물자의 집산지로서 장래 번영할 것이다. 산다칸은 북 보르네오 최대의 도시로 인구 1만 5천, 호주, 홍콩, 싱가포르 방면에 해로의 중심지이다. 최근 그 근교에 고무, 야자와 그 밖의 재배업이나 제재업이 발달한 탓에 상거래가 활발하고 영내 경제의 중심이 되어가고 있다. 이 양쪽 땅에는 1년의 반씩 총독이 주재하므로, 정치의 중심지이기도 하다.

일본인 마을 위의 두 도시 외에는 말하기 부족한 소도시이다. 다만 카우이 하바의 입구 근처에 있는 타와우는 일본인의 발전지로서 알려져 일본인의 재배업, 어업 등이 활발하고 영국인은 타와우를 일본인 마을로 부르고 있다. 일본인 발전의 역사부터 말하면 오히려 산다칸 지방이 오래되었으나, 최근의 발전은 타와오쪽이 눈부시다. 농원은 총 28곳으로, 그 대부분이 오래부터 야자를 재배하고 고무원은 4곳밖에 없다. 그중에서도 히사하라의 일본 산업 농원과 미쓰이논 농원은 대규모 경영으로 전자는 고무를, 후자는 야자로 일본인 재배 기업을 대표하고 있다. 십수 년 이전, 자작 농업 이민 다섯 가족으로 이루어진 23명이 타와우 지방에 이주하여 야자, 마닐라 삼베, 땅콩 등을 재배하고 있으나 그 후 삼베 재배가 특히 성적을 올려왔다. 어느 것도 이 타와우 지방은 일본인 자작 농업자의 이주 후보지로서 다바오와 함께 개척의 가치가 있는 지방이나, 근래 오사카상선 남양 항로의 선박은 타와우로의 기항을 개시하여 이 지방과 본국과의 경제 관계는 장래 점점 더 밀접성을 더할 것이다.

최근 북 보르네오, 사라와크 및 브루나이 땅의 재주 일본인 수는 남자 402명, 여자 180명 합계 582명이다.

사라와크 왕국

영국령 북 보르네오 서남에 접해있고, 중국해(支那海)에 면해 있는 일대 지역이 사라와크 왕국이다. 면적 12만 4천km로 국내의 중부에는 독립된 봉우리가 곳곳에 우뚝 높게 솟아있는데, 중앙에 평탄한 파도 모양의 땅이 많다. 크고 작은 무수한 하천이 국내를 흐르고 있어 당국 유일의 교통로가 되며, 소형의 기선이라면 수십 리도 소항할 수 있는 것이 적지 않다. 그러나 사라와크강과 레장강 이외의 여러 강은 중국해의 북동 몬순 때문에 점차 그 하구가 메워져 가고 있다.

상세 일반 국내가 미개발인 상태인 것은 북 보르네오 이상으로 수부 쿠칭은 말레이어로 고양이를 의미하는 손바닥만 한 동네이지만 문명 도시의 설비가 얼추 완비해 있다. 옛날 브르나이령 시대에는 사라와크라고 하면 마래인(馬來人)[19]과 지나 사람으로 이루어진 인구 1천 이내의 작은 마을이었는데, 사라와크 건국 이래 점차 발달하여 지금은 인구 2만 5천을 넘고 있다. 싱가포르와 그 사이에는 매주 기선이 왕래하는데 석유 이외 이 지역의 무역품 대부분은 이 지역을 경유하여 각지에 배급된다.

기후는 다른 열대지방과 다르지 않지만, 싱가포르와 자와에 비교하면 더위는 상당히 참기 쉽다. 즉, 기온도 최고 평균 화씨 11도, 최저 71도, 하루 중 가장 더운 것은 오후 2~3시쯤으로 야간에는 시원하여 매우 건강에 적합하고 전염병은 거의 없으며 열병도 드물다.

지금까지 인구 조사를 한 적이 없어 정확한 실제 숫자는 불명확하지만 총계 60만이라고 하며, 그 대부분은 마래인과 다이아인으로 중

......

19 말레이 군도를 중심으로 그 부근의 섬에 사는 민족을 통틀어 이르는 말이다.

국인은 전 인구의 20%라고 계산된다.

건국 유래 무릇 이 사라와크 왕국은 다른 남양 여러 지방과 다르게 국왕은 영국인이고 왕국 전제의 국가 정치권인데, 그 치국 방침과 산업정책 등에 일종의 독특한 관습을 가지고 있다. 그것은 1세의 쾌남아 제임스 브룩이 브루나이의 지배에서 사라와크를 독립시켜, 다년간 극단적인 압제 아래에 신음하고 있었던 다이야인이 해방되었고, 여기에 질서와 치안을 부여하여 마침내 독립 군주가 된 건국의 유래에 기원하고 있다.

이러한 특수한 역사적 사실이 있기 때문에 영국의 보호령이 되어 있지만 그것은 외교를 영국이 대표로 하고 있을 뿐, 내정에 대해서는 전혀 간섭하지 않는다. 때문에 이 나라에는 영국인 지사도 없으며 고문관도 참여하고 있지 않다. 그리고 영국인의 자손인 역대 국왕은 온건한 전제 정치를 그 국시로 하고 있다. 영내 원주민의 이익 옹호를 제1로 하고 유럽인 때문에 이익을 박탈당하는 것을 피하며, 극력 원주민의 보호를 그 통치의 근본 방침으로 그러한 견지에서 각종의 법률 제도가 되어 있다.

산업정책 이 통치 방침은 첫째로 당국의 산업정책에 그 정신이 나타나 있다. 즉 국토의 대부분을 덮고 있는 미개한 벌판은 모두 원주민으로 하여금 차츰 개발하도록 하는 것을 주안으로, 외국의 대자본가, 대기업가의 활동을 좋아하지 않는다. 그러나 약탈적인 이익 본위가 아니라 공존공영을 주안으로 하는 진지한 자본가 기업가라면 충분한 원조와 편의를 주는데 인색하지 않다. 그리고 그 정책 아래에서는 영국인이라고 하여 특별한 혜택이 없도, 일시동인으로 실제 일본 사람들도 이 정책 아래 확고한 재배업의 기초를 만들고 있다. 이 일견 반 시대적인 산업정책은 도리어 독립 소기업을 증가하게 하여, 이미 레장강 유역에는 100에이커 이하의 소농원이 1천 곳 이상이나 있어 비록 느리지만 나라 발전에 기여하고 있다.

토지제도 때문에 토지, 삼림, 광물은 전부 국유로 그 소유권은 누구에게도 부여하지 않는다. 애당초 토지의 영차지권은 인정되고, 누구라도 그 취득 신청은 가능하지만 네덜란드령이나 영국령 지방과 같이 처음부터 거액의 신청은 할 수 없다. 처음에는 1천 에이커가 한도이며, 그것을 개발하고 나서 점차 다음 신청을 받는다. 네덜란드령과 영국령 지방에서는 거액 토지의 차지권만을 받고 개간에 착수도 하지 않으려는 불성실한 투기자류를 대단히 드물지 않게 볼 수 있으나 사라와크에서는 절대로 이러한 무리의 횡행을 용서하지 않고, 대규모 농원의 개설보다도 소규모의 자작농이 다수 도래하는 것을 환영하는 것이다.

수출입 화물에 대해서는 일률적으로 과세한다. 해협식민지의 화폐는 그대로 여기에서도 유통하는데 또 영국령 말레이와 동일하게 환전제도를 채용하여 특유의 화폐도 있다.

일본인 농업 이 지방의 일본인 농원은 18곳으로 계산되는데 이 나라의 산업정책에 지배당해 무엇이든지 소기업자인 것을 특색으로 하고 있다. 그 주요한 것은 히사(日沙)상회, 야마시타(山下)고무원으로 규모로도 업적으로도 단연 여러 외국인의 농원을 압도하고 있다. 이는 영국·미국·네덜란드 각국의 재배 업자가 말레이반도와 수마트라, 자와 등에 힘을 집중하여 다른 것을 염두에 두지 않았던 것이 때마침 일본인에게 진출의 기회를 준 것으로 보인다. 노역의 공급만 충분하다면 금후 이 방면에서 고무 재배는 대강 보아도 발달할 가능성이 있다.

브루나이 왕국

브루나이 왕국은 사라와크 왕국과 영국령 보르네오 사이에 끼어 있는 하나의 작은 토후국이다. 국명이 보르네오의 어원인 것으로도 알 수 있듯이 옛날에는 북부 보르네오 중에서 가장 빨리 외부에 알려졌고, 또 가장 세력이 있었던 토후국으로 사라와크는 물론이고 영국령 북 보르네오도 그 영토였다. 그리고 더 나아가 루손, 술루 등까지도 세력을 미치고 있었는데, 점차 세력의 쇠퇴로 영토는 잠식당해 오늘날에는 1만km의 토지와 2만 5천 인구를 유지하고 있는데 지나지 않는다. 1888년 영국의 보호령이 되어 1909년부터는 영국인 지사가 시정의 중역을 맡게 되었다.

영내에는 도로다운 게 없고 교통은 모두 하류를 이용하고 있다. 수부 브루나이는 동명의 강의 수 마일을 거슬러 올라가는 지점에 있고, 옛부터 수상 거리로 일상의 용무는 모두 작은 배로 하였는데,

1910년 이후 대안(對岸)에 신시가를 확장하여 인구 1만 2천 명, 브루나이만 기선 회사의 배가 매주 3회, 앞바다 쪽 브루나이섬과의 사이를 왕복하고 있다.

산업으로는 농업과 관업(석탄, 석유) 외 볼 것이 없고 내지 상업은 중국인이 독점하고 있다. 화폐는 해협식민지와 사라와크 왕국의 화폐를 유통하고 무역은 주로 라부안 경유로 싱가포르와의 사이에 하고 있다.

영국령 북 보르네오, 사라와크 왕국 및 브루나이 왕국은 그 지리적 관계에서 말하여도 우리 남양 위임통치군도나 필리핀 군도에서 일위대수(一葦帶水)의 땅에 있으며 지금은 교통 항로가 충분히 열려있지 않지만, 장래 이러한 국내가 개간 발전됨에 따라 우리 국민의 척식 사업도 왕성해질 것이다. 또 상품의 판로로도 크게 진출할 여지가 있으며 네덜란드령 동인도와 같이 여러 규법이 없기 때문에 남방을 발전시키려는 일본인을 위해서는 알맞은 활무대이다.

남양개발의 영웅

1. 래플스의 공적

영국 동인도회사, 네덜란드령 동인도회사, 프랑스령 동인도회사 및 독일의 잴루잇회사가 모두 그 본국으로부터 행정권을 위탁받아 남양에서 각각 공적을 세운 것은 누구나가 아는 사실이지만, 개인으로서 가장 화려한 활약을 시도해 빛나는 사적을 남긴 이로 싱가포르를 개척한 토머스 스탬퍼드 래플스(Thomas Stamford Bingley Raffles)가 있다.

그는 1781년 7월 5일, 자메이카(Jamaica)섬 앞바다에서 태어난 선장의 아들이었다. 일가 가난한 데다가 14세에 아버지를 여의고 어릴 때부터 고학으로 공부하며 온갖 쓴맛 단맛 다 보았으나, 18세에 동인도회사의 급사로 고용되어 열심히 동정(東征) 길에 올랐다. 24세에 서기보로 승진하여 페낭으로 파견되었는데 항해 5개월 만에 말레이어를 습득할 정도로 그의 동아시아 연구열은 왕성했고 진지하였다.

페낭에 재임 중 그는 자주 말라가(Málaga)나 말레이반도를 답파하여 세밀하게 그 지리를 연구하였다. 당시 네덜란드가 대 나폴레옹과의 싸움으로 정치적 혼란이 가중되자 그는 영국 정부에 자와 공략을 건의하여 치르본에서 네덜란드군을 격파하고 그곳을 점령하여 자와의 부지사로 임명되었다. 그의 나이 불과 30세였다. 임무를 맡은 5년 동안 치적을 크게 세웠으나, 마침 서구의 평화 회복으로 국가 간 회의 결과, 말레이시아 및 부근의 네덜란드 영지와 자와를 교환하는 것으로 결정되어 래플스의 노력도 수포로 돌아갔으며 자와는 네덜란드로 귀환되었다. 그는 애타는 마음을 안고 영국으로 돌아갔지만 1817년 기사(騎士)로 임명되어 다음 해 3월, 수마트라·벤쿨렌(Bencoolen)의 부지사로서 임지로 향했다.

그해 말라가는 다시 네덜란드로 넘어갔다. 그는 이에 대항할 좋은 항구를 찾다가 싱가포르에 착안하여 조호르(Johor) 국왕을 설득해 1819년 싱가포르 양도 조약을 맺고, 인도 총독의 허가를 얻어 싱가포르를 벤쿨렌 부지사 관하로 귀속시켰다. 1823년 그는 다시 싱가포르를 방문해 8개월을 체재한 후 벤쿨렌으로 돌아가 귀영 길에 올랐다.

당시 영국은 식민지 문제로 항상 네덜란드와 다툼이 있었으나 추밀원 회의는 자칫 네덜란드의 주장에 따르려는 형세였다. 그는 추밀원 회의의 무능함과 몰이해에 분개하여 극력 반대했으나, 이듬해 1824년 영국·네덜란드 양국은 타협하여 싱가포르는 완전히 영국의 손을 떠났으며 다시 조호르 왕 및 추장과도 새 조약을 체결하였다.

그리하여 그는 그해 8월 영국으로 돌아가는 도중에 승선한 배가 난파되어 구사일생으로 모국 땅을 밟았다. 그러나 하늘은 일대의 영웅을 돕지 않았고, 병후 건강을 이기지 못한 그는 45세의 나이에 타계하였다.

래플스가 죽은 1년 후인 1827년 영국·네덜란드 조약이 성립되어 말라가는 다시 영국의 손으로 돌아갔다. 싱가포르가 지금으로부터 110년 전에 영국령이 되어 오늘날 동서 교통의 요충지로서 매우 번성한 것은 전적으로 그의 선견의 선물이며, 영국에 남긴 그의 공적은 싱가포르가 존재하는 한 영원할 것이다.

2. 조호르 국왕

조호르국은 영국의 보호령이지만, 이는 외교권을 영국에 위임했을 뿐으로 내정은 독자의 방침으로 결정된다. 싱가포르에서 북쪽으로 18마일 떨어진 말레이반도의 남단에 있고, 면적은 7천678평방 마일이며 인구는 30여 만의 소국이다. 주민은 말레이인, 중국인, 인도인 등으로 수도 바루(Johor Bahru)는 1만 5천 명, 무아르(Muar)는 1만 3천 명, 바투파핫(Batu Pahat)은 1만 명으로 이곳들이 왕국의 세 도시이다.

국왕 술탄 이브라힘(Sultan Ibrahim) 폐하는 매우 영매한 분으로, 이상적인 정치를 펴고 있다. 싱가포르 해협의 매립에 관해 그의 일면을 엿볼 수 있는 재미있는 이야기가 전해진다.

싱가포르와 말레이반도 사이의 해협은 오늘날에는 기차로 편하게 건너지만, 이전에는 배에 의존했다. 이 매립 공사는 총 공사비 2천만 달러를 필요로 했는데, 계획 당초에 영국은 조호르 왕과 계약해서 양쪽에서 반반씩 지출하기로 했다. 하지만 이윽고 공사가 완성되어 약속대로 분할금 지출이 다가오자 조호르 정청의 말은 이러했다. "돈

은 낼 수 없으므로 원래 상태로 바다를 복구해 줬으면 한다!" 이에
대해서는 과연 침착한 대영제국도 깜짝 놀랐으며, 아직도 그 뒷마무
리가 안 되었다고 한다.

왜냐하면 영국으로서는 말레이반도나 시암(Siam)[20]에 대한 교통 정
책상으로도, 싱가포르의 요항을 위해서라도 이곳의 매립은 필요했겠
지만, 조호르로서는 실은 가치가 없는 것이었다. 게다가 아무리 영국
이라도 멋대로 굴어서 되겠느냐는 배짱이 있었던 것일 것이다. 어찌
되었던 이 작은 나라와 태양이 지지 않는 대영제국은 실로 훈도시
카쓰기(褌擔ぎ)[21]와 요코즈나(橫綱)[22]의 조합이다. 훈도시 카쓰기가 요
코즈나를 집어 던졌으니 통쾌한 이야기이지 아니겠는가. 일등을 잡
고 던졌으니 통쾌한 일이 아니겠는가.

덧붙여 말하면 조호르국의 재정은 세입출이 1천90여만 달러, 무역
4천800~5천만 달러이고, 수출품은 후주, 감비아(gambir),[23] 커피, 고
무, 코코야자, 파인애플, 주석, 철광 등으로 이상적인 문화 왕국이다.

---

20 오늘날의 타이 왕국.
21 훈도시 카쓰기(褌担ぎ)는 스모 선수 등급 가운데 최하위 등급이다.
22 요코즈나(橫綱)는 스모 선수 등급 가운데 최고의 등급이다.
23 꼭두서니과 식물. 이 식물의 잎 및 어린 가지 건조수제 추출물은 생약의 일종으로
사용된다.

3. 사라왁의 건국자

다음으로 소독립국으로서 이상적인 정치를 하고 있는 사라왁 왕국
이 있다. 이 나라의 역사에 대해서는 앞에서 간단히 서술했지만 영국
동인도회사의 일개 사원이었던 제임스 브룩(James Brooke)이 보르네
오로 도항하여 브루나이(Brunei) 국왕의 여식을 아내로 맞아 그 땅에
소독립국을 건설한 것이다. 1815년 이래로 영국의 보호령이 되었지
만 외교의 대행뿐으로 내정에는 어떤 간섭도 받지 않고 완전한 독재
정치였다. 다약족은 브룩의 봉기로 브루나이 왕의 폭정에서 해방되
어 안심하고 삶을 즐기게 되었다. 현재는 제2세로 수도 쿠칭(Kuching)
은 완전히 서구화된 이상향이다. 1841년 12월, 브룩이 영국 본국으로
보낸 국내 사정 보고서에는 다음과 같이 적혀있다.

다약족은 보르네오섬 내에 거주하는 토착인으로 현재는 해안지방으
로 이주해 온 말레이인 때문에 점점 산간으로 쫓겨나 북서지방에 뿌리
를 내리고 있다. 그들의 종족은 완전히 독립한 상태로, 유럽인의 시위
압박도 별 효과가 없다. 그러므로 자신은 명의상 주권을 얻었다고는 하
나 내부 정치는 추장에 통치를 일임할 뿐이다. 수도가 있던 요지(쿠칭을
말함)에는 인구가 30만이었으나, 지금은 불과 4만에 지나지 않는다. 무
역은 전혀 없는 상태로 중국인, 말레이인, 소수의 유럽인이 원주민의
배를 이용해 미미하게 교역할 뿐이다. 우리들은 직접 그들 토착인과 친
하게 지내지 않기 때문에 충분히 관찰할 수 없으나, 들은 바로는 전 영
지에서 약탈·강도 살인이 심하게 행해지고, 격투는 그들의 일과로 공격
침략의 기술은 또한 교묘하기 이를 데 없다는 것이다.

이처럼 그들 각각은 각축 공방의 기술이 뛰어나지만 문명적 전투에
서는 졸렬하기 그지없다. 만일 여기에 50명의 유럽인이 있다고 한다면
그들을 정복하기는 매우 쉽다.

내지에서는 유럽인의 손으로 점차 통신 기관을 가지고 있을 뿐, 네덜
란드의 세력은 없고 또 조약도 체결하고 있지 않다. 그들은 무지하고
난폭하며 의심이 깊기 때문에, 보통 시시한 일로 쟁투를 하고 있다. 고
로 상인들은 무리를 구성해 그들의 위해를 피하고 있다. 실로 인류의
생존경쟁을 적나라하게 발휘하고 있다. 따라서 무역이 되지 않는 것 또
한 상상하기 어렵지 않다.

보르네오 원주민은 토착 말레이인으로 이른바 다약족과는 완전히 다
른 종족이다.

보르네오의 북부에는 해적 같은 사회가 있고 각종 미개한 백성이 있
다. 사라왁 부근은 점차 보르네오의 주권을 승인하고 있는데, 인문을
열지 못하는 것이 흡사 개벽 창세와 같이 느껴진다. 그래서 오지의 상태
따위는 알 길이 없는 것이다.

사라왁은 탄전, 다테우에서 사마라캉강 하구에 이르며 평균 60마일
의 폭으로 동남쪽을 향해 해안 약 50마일의 길이로, 그곳의 지형, 관문
을 장악하고 있는 하나의 요점이다.

사라왁의 하구는 2개의 관문을 장악하고 있다. 작은 물줄기는 보트로
항행이 가능하며 20마일 이상의 유역이 있다. 그리고 산맥을 따라 좌우
두 갈래로 흐른다. 산맥은 2천 피트에 달하며 각각 분수령을 이루고 있
다. 그 외는 대체로 평야로 기후는 열대에 있는 것 같지 않고, 대체로
청량하며 9월부터 3월까지는 강우량이 많고 질병도 특별히 없다. 단지
류머티즘, 학질(말라리아의 일종)이 있다. 그것도 내지 깊숙이 비위생적
인 곳이 아니면 쉽게 걸리지 않는다. 사라왁강 상류 20마일에 있는 쿠칭

은 대개 풍토병이 없다. 다약족의 생산업은 주로 쌀농사이고 사고(sago)
라고 불리는 곡물이 생산돼 환자의 식량 및 풀로 이용되고 있다. 그밖에
등나무, 사탕수수, 조선용 자재, 사자나무(발레라고 부름) 등의 산출이
많아 폰테니아나 삼바스에서 중국에 수출된다.(이하 생략)

 이에 따르면, 사라왁 왕국 건설 당시는 얼마나 다약족이 난폭하고
이 지방이 야만적이고 미개했는지를 알 수 있다. 현재 그들은 이미
해적스러운 행동을 그만두고 북서부 산간에 뿌리를 내렸을 뿐이다.
따라서 재주 일본인도 안전하게 토지를 개척하고 식물의 재배에 종사
하고 있는데 이는 모두 영웅 브룩의 덕이다. 남양에는 아직 주권자의
손이 닿지 않는 뉴기니와 같은 지방이 있다. 큰 뜻이 있는 청년이
결단을 내려 브룩의 패업을 배우는 것도 남자들에게 쾌심의 업이 될
것이다.

시암 왕국

1. 시암 왕국의 현재 상황

유럽 각국이 혹은 영토로 혹은 보호국으로 남양 각지를 장악하여 그 끝없는 욕심을 채우고 있을 때, 두려운 마수에서 벗어나 홀로 잘 흰 코끼리의 깃발 아래에서 독립국의 체면을 유지하고 있는 것이 시암 왕국이다. 이 나라는 아시아의 동남, 인도차이나반도에 있고 동쪽에서 북쪽에 걸쳐 프랑스령 인도차이나에 접하며 북쪽과 서쪽은 버마를 경계로 일부 벵골만에 임해있다. 반도 영국령 말레이와 접해있고 그 동부는 중국해 및 시암만에 면해 있고 본토 남방으로는 시암만이 흘러들어오고 있다.

현조 제5세 쭐라롱껀(Chulalongkon)왕이 활발하게 신지식을 수입하여 각 방면의 개혁을 단행하여 국내 진보 발달을 서두른 결과 외국과의 사이에 불평등 조약은 점차 철폐되어 입법, 사법 및 관세 자주권을 되찾아 명실공히 완전한 독립국으로서 국제적 새로운 지위를 획득하기에 이르렀다. 그러나 영국과 프랑스 두 나라를 시작으로 오랜 기간 동안 침범당한 구미 여러 나라의 정치적, 경제적 세력은 견고하여 빠져나오기가 어렵다는 점이 있다.

먼저 영국으로, 1909년 영국은 시암 국내의 치외법권 철폐를 신청하고 그 대가로 케다, 페를리스, 켈란탄 및 테렝가누의 말레이 연합국 4개의 주에 대해 종주권 그 외를 시암에서 양도받아 이를 동국의 보호령으로 하였다. 뿐만 아니라 시암이 내정 개혁을 위해 다수의 외국인 고문을 초빙하자 영국은 미첼인스 씨 이래 항상 자국인을 대장성 최고 고문으로 보내어 재정 계획에 참여하게 하고, 세관과 수세국 등의 재정 기관에는 다수의 영국인 고문이 있어 실질적으로는 시암 경제 관계의 최고 기관인 동국 경제 위원회에도 위원을 끼게 하여 위원외의 결정에 유력한 역할을 하고 있다. 그보다도 더 눈부신 것은 산업상 무역상의 활약이다. 코랏 철도의 부설을 자국 회사가 인수한 것을 시초로 시암 말레이반도 종관 철도 건설을 위해 말레이 연합주는 463만 파운드의 공채를 인수하고 계속해서 전후 4회에 900만 파운드의 공채를 런던에서 인수하고 있다. 이러한 공채들은 모조리 철도 건설, 치수 사업, 수도 부설 또는 삼센 발전소의 건설 등, 생산 사업에 사용되고 있어 시암의 철도와 관개 배수 사업과 방콕의 수도 등은 대부분 모두 영국 자본으로 마련한 것이라 하여도 지장이 없다. 그 대신에 영국이 거둔 이권도 커다란 것이 있는데 유자나무의 벌채권은 그 하나로, 말레이반도 방면의 주광도 회사 조직에 따른 대규모 채굴은 전부 영국인 경영이다. 게다가 무역도 보면 수출입 모두 홍콩 및 싱가포르와 최대의 거래 관계를 가지고 있고, 양 항구만으로 수출액의 약 70%, 수입액 약 40%를 점하고 대영국 무역도 수출 약 3천만 바트, 수입 2천500만 바트에 달하고 있다. 이러한 영국의 시암에 대한 정치상 및 경제상 활약은 단연 다른 다른 여러 나라를 위협하고 세력은 빠르게 시암의 내부로 파고들고 있다.

불란서의 왕년 시암에 대한 고압 정책은 심히 그 나라 사람들을 공포스럽게 만들어 원한의 마음을 깊이 새기게 하였는데, 유럽 대전에 뜻하지 않게 협동 행동을 취한 이래 어제의 적이 오늘의 친구로 변하였다. 특히 대전 후는 백방 친불 양성에 노력을 게을리하지 않는다. 불교국가인 시암에 대한 문화 시설은 영국과 함께 쌍벽이라 일컬어져 영국 등은 발밑에도 미치지 못하지만, 이는 전술한 친불 기획의 대목적에서 출발한 것으로 방콕의 광대한 세인트루이스 병원은 1893년 팍남 사건(暹佛事件) 배상금으로 건설한 것으로 내외인의 입원을 허가하고 국민보건에 일대 공헌을 하고 있다. 경제상에 있어서도 빈틈없이 처치하여 전후 2회에 걸친 공채도 400만 파운드를 인수하여 자국 세력의 부식을 도모하고 있다.

미국은 영국과 프랑스와 같이 정치적 야심을 포장하지 않고 단순한 통상 관계에 머물러 있었으나 최근 활동은 볼 만한 것이 있다. 즉, 열국에 앞서 체결한 대등 조약에도 어떠한 대가를 요구하지 않고 더없이 관대한 태도로 임한 것이 시암의 상하에 다대한 호감을 주었다. 정부 부내에서 많은 친미론자가 생긴 것은 미국의 훗날 대 시암 발전에 유력한 초석을 세운 것으로 볼 수 있다. 특히 그 대 시암 문화 시설은 최근에 이르러 프랑스의 수준에 도달한 것도 있다. 그 가장 현저한 것으로 록펠러 재단 국제 보건국의 활동을 들 수 있다.

덴마크의 시암 국내의 활동도 간과할 수 없는데 첫 번째로, 동방아시아 상회의 다각적 경영, 그리고 1927년 특허로 창설된 시암 전기

회사는 자본금 약 2천300만 주, 덴마크 경영의 벨기에 회사로 국내의 전등 및 전차 사업 독점권을 획득하고 있는 것은 주목할 만하다. 독일은 그 제품의 판로 확장, 지반 확립에 열심히 노력하여 이미 2천만 주의 독일 제품 수입에 성공했다라고 하는데 기업 방면에서도 조사 연구를 게을리하지 않고 대대적으로 대 시암 경제 발전을 깊이 연구하고 있다.

그러나 시암 국내의 발전하여 경제상 근저에 깊은 세력을 구축하고 있는 것은 뭐라 하여도 중국인이다. 시암에 재주 하는 중국인 및 그 혼혈아는 200만이라고 칭해지고, 외국 무역 및 그 부대 사업은 물론 국내의 상업도 대부분 전부 그들의 손에서 매달리고 있다. 즉 방콕의 상사구(商社區)는 중국 거리라고 불러야만 하며, 그 외 코랏, 파크남포, 치앙마이, 페차부리, 아유타, 피사눌루크 등의 지방의 도시에서 산간벽지에 이르기까지 그들은 그 판매망을 넓히고 있어 세력고로 제외할 수 없는 점이 있다. 따라서 시암의 부호라고 하면 왕족 이외에는 전부 중국인이며 그 숨겨진 세력은 훌륭한 데가 있다.

2. 면적, 인구, 지세

시암의 면적은 51만 8천km로 일본과 대만의 면적에 거의 필적하고 있다. 그런데 인구는 약 990만, 즉 1km에 19명이고 밀도는 일본 내지의 10분의 1에도 모자란다.

지세는 북에서 남으로 기울고, 북방과 동서 양방의 국경은 산악이

중첩해 있으며 심산유곡이 풍부한 고원지대로 남으로 내려갈수록 산
은 점차 낮아지고 큰 골짜기는 점차 넓어져 마침내 남부 일대일망
천 리 대평원가 펼쳐진다. 메남 대하는 그 중앙을 꿰뚫고 흐르며 크고
작은 지류와 함께 나라의 대동맥을 이루고 있다. 또한 동쪽에는 유역
160마일의 방파콩강, 서쪽으로는 260마일의 매끌렁강이 함께 시암
만으로 흘러 들어가고 있다.

전문가는 전국 땅의 40%를 경작 가능지로 간주하고 있는데 줄잡아
35%라 해도 1억 6천만 라이(1라이는 우리의 1단 6묘에 해당한다). 1925년
시암 정부의 통계는 경지 전 면적을 1천 8백만이라고 보고하고 있어
현재 경지는 농작 가능지의 약 10% 정도에 지나지 않고 나머지는 미
개척의 벌판으로 방치되어 있는 것이다.

3. 기후와 위생

기후는 건기와 우기의 구별이 확실히 구별되어 있어 매년 다소의
더딤과 빠름은 있지만 건기는 11월부터 이듬해 4월까지, 우기는 5월
부터 10월까지이다. 건기에는 연일 맑은 하늘로 비가 내리지 않고
11월부터 1월쯤에는 일본 내지의 쌀쌀한 가을을 떠오르게 하며, 4월
이 더위의 절정으로 일중 실내 화씨 92도 내지 56도로 오른다. 우기
에는 매일 12시간 거센 비가 내려 호우 범람의 피해를 피하기 위해
치수 사업의 필요가 생겼다. 평야의 일각을 종횡하는 운하는 이를
목적으로 만든 것이다.

위생 상태는 양호하다고 하지만 콜레라는 매년 1만 내외의 환자를 내고 있고 그 70%가 사망한다. 페스트는 시암 중심시 코라트에서 매년 발생하여 이 시 전부를 소각할 정도로 과감한 조치를 시행했으나, 그래도 전멸시키지 못해 1917년과 같은 때는 이 시에서만 7천 명의 환자가 나왔다. 그러나 그러한 악성 전염병은 대저 시암 사람, 인도 사람, 중국인 하층민에 많고 재류 일본인이 이러한 병에 걸리는 것은 거의 없기 때문에 충분히 위생에 조심하기만 하면 그다지 두려워할 것까지는 없다.

4. 신교와 풍습

국민은 대체로 순종하는 미풍을 지니고 있으며, 자국을 부를 때 무안타이(자유의 나라)라 부르고 불교가 그 국교로 국왕은 '법의 수호자'로 자처되어 국민의 대다수는 불교 신자이다.

세상 사람들은 시암을 노란 옷의 나라(黃衣國)라고도 부르는데, 그것은 승려가 입고 있는 옷이 노란 옷을 의미로 알려진 것처럼 도회는 물론 어떠한 가난하고 외진 마을이 있는 벽지에 가더라도 훌륭한 절이 있으며 승려가 많다. 이 나라는 일생을 사는 동안 남자는 반드시 승려가 되어 수행을 하지 않으면 안되는 관습이 있어 짧은 사람은 2~3개월, 긴 경우는 1~2년에 이른다. 최근의 통계에 의하면 사원 수 1만 5천950개, 승려 수 13만 명이라는데 그것은 전문 승려 수 만으로 여기에 일시적으로 하는 수행승을 더하면 막대한 수에 이를 것이다. 이리하여 위로는 왕족부터 아래로는 농부에 이르기까지 불교에 대한 신앙이 매우 두텁고 승려는 일반 사람들로에게 매우 존경받고 있다. 따라서 그 풍습, 축제, 연중행사는 대부분 모두 불교에 기초하고 있고 또 미술 공예도 불교를 빼고는 있을 수 없다.

시암 사람의 계급 칭호는 6등급으로 나뉘는데 주로 관사와 군인에게 주어지고, 그 이외에도 특히 국가에 공로한 자에게 주어진다. 그러나 관사와 군인은 이것을 쉽게 얻기 때문에 도회의 청년들은 누구라도 관사, 군인을 희망한다. 국민의 대다수는 농민이기 때문에 시암 사회는 결국 귀족 및 관공사 군인의 계급과 서민 계급으로 나뉘며, 전자는 고상한 생활을 영위하지만 후자는 지저분하고 좁은 집에 살며 남루한 옷을 걸치고 맨발 생활을 견디고 있다. 중산 계급으로 보이는 상인은 중국인이나 인도인으로 순수한 시암 사람 상인을 찾아내는 것은 어렵다.

시암 사람은 남자든 여자든 또 계급을 묻지 않고 모두 시암 특유의 겹옷 즉, 패농을 허리에서 밑으로 하고 있다. 남자는 상의로 하얀 양복을 입고 있고, 여자는 단지 가슴 부분에 가는 천을 감고 있을 뿐이었는데 최근에는 매우 얇은 상의를 입고 상류 부인은 보석이 들어간 바늘 장식도 하여 풍채가 매우 우아하고 아름답다. 남녀 모두 단발인데 여자가 단발을 하게 된 것은 옛날 캄보디아 전쟁에서 남장을 하고 성을 지켰던 건강한 기운 때문이라는 것이 역사적 삽화로 전해져 오고 있다.

5. 교통, 무역

시암 내지의 교통은 대부분 철도와 하천으로 되어 있어 다른 남양 각지와 같은 자동차 도로는 적다. 당국과 겹치는 철도를 들어보면 방콕, 빠당 베사 사이. 핫야이, 쑹카이 코록 사이 동북선(방콕, 코랏, 스린돌 사이). 동남선(방콕, 베토류 아란야프라텟 사이). 북방선(치앙마이 사이). 코랏, 콘캔 사이로 이 외에도 단거리를 연락하는 지선이 있다.

연안 항로는 시암 기선 회사의 배가 말레이반도의 동쪽 해안 각 항구를 항행하여 싱가포르로 나가는 선과 방콕에서 시라차, 찬다부리에 기항하여 프랑스령 인도차이나에 연락하는 배 2가지가 있다.

1930년 시암 무역은 수입액 1억 7천479만 주, 수출액 1억 8천300만 주로 수입으로는 일반 상품이 총액의 90여 %를 점하고 수출로는 쌀이 66%를 점하고 있다.

화폐 단위는 1928년 통화 조례에 따라 바트(일반적으로 주 '티칼(Tical)'이라고 불린다)였는데 영국 화폐 파운드가 1주에 상당하기 때문에 1주는 우리의 88전 8리에 약 해당한다.

6. 산업정책

시암의 중요 산업은 농림, 광업 및 어업 그중에서도 쌀은 가장 중요한 물산으로 이 나라의 경제계의 성쇠는 오로지 쌀 농작에 좌우된다고 하여도 지장이 없다. 종래 시암의 농민은 매우 빈곤하여 자력으로

그 필요한 물자를 구입
하거나 또 생산된 미작
개량을 궁리하지 못하
여 중개인 중국인에게
모처럼 고생한 결과를
착취당하도 있었다. 정
부는 이것의 구제 수단

시암의 경지로 정리된 수전

으로 신용 조합 제도를 마련하고 또 볍씨의 통일, 관개 설비의 확장을
행하여 미작 개량에 힘쓰고 있다.

정부는 또 국가 경제의 안전을 도모하는 데 있어서 제당 사업과
고무 재배 사업의 보호 장려에 노력하고 있다. 시암은 옛날 동양의
주요 당 산업 국가로 기후, 우량, 땅의 성질, 노력 등의 점에서 생각해
보아도 자와에 별로 뒤떨어진다고 생각되지 않으며, 연구에 따라 옛
날의 성관을 재현하는 것도 반드시 어려운 일은 아닐 것이다. 고무
재배업은 비교적 새로운 기업으로 주로 말레이반도 방면의 영국령과
국경 부근에서 경영되고 있는데 그 장래는 전문가 사이에서 대단히
주목받고 있다. 땅 가격은 저렴하고 귀찮은 법규의 구속이 없으며
그 창업은 다른 지방에 비해 오히려 매우 간단하다. 이 외 담배, 후춧
가루, 목화 등의 재배도 소규모이지만 각 지방에서 행해지고 있는데
아직까지 그 성적은 볼 만한 것에는 이르지 못했다.

티크 목재는 쌀 다음으로 중요한 자원이다. 시암과 버마는 세계에
서 독점적으로 티크 목재 공급 국가로 그 벌채권은 대부분 영국계
4개 회사, 덴마크계, 프랑스계, 중국인 각각 1개의 회사가 특허로 되

어있다. 즉 벌채권 약 85%는 유럽인 상사의 손에, 14%는 내국인 특허 권자에 나머지 1%가 산림국의 손에 있는데, 85% 중에서도 그 대부분 은 영국계 4개 회사의 손바닥 안에 있기 때문에 시암의 티크 목재의 과반수가 영국 자본의 세력 아래 있다고 하여야 한다.

건염어의 국내 소비량은 꽤 많은 액수에 달하며 따라서 수산업은 이 나라의 중요 산업의 하나로 되어있다. 그 연간액은 약 2천500~ 600만 주라고 어림잡아 볼 수 있는데 이만한 성적을 올리고 있으니 근대식 과학적 법을 가지고 임한다면 그 산액의 격증을 보는 것은 지극히 쉬울 것임에 틀림없다.

7. 주요 도시

방콕 이 나라의 수도로 인구 약 65만, 메남강 하구를 거슬러 올라 가는 40km의 물가에 펼쳐지는 대도시이다. 왕궁, 여러 관아를 시작 으로 박물관 그 외 문화 설비가 완비되어 있고, 또 장려한 사원과 고탑이 하늘을 찌르고 있어 역시 불교국가의 수도답다고 수긍이 간 다. 당국 제1의 무역항으로 무역품의 거의 대부분은 이 항구를 경유 하기 때문에 시중 상업이 매우 번화해 있다.

코랏 인구 6만, 동부 시암 상업의 중심지. 피사누, 록은 남난강 위에 있는 도시로 인구 3만 명, 유명한 불상이 있다. 빡남은 방콕에서 메남강 상류 180마일, 남욤, 남난, 남빙 세 대하의 합류 지점에 위치하고 북부 지방 산물의 집산지로 잘 알려져 있다. 치앙마이는 티크 목재 산출의 중심지로 인구 3만 명, 군사상, 산업상 중요지이다.

고도(古都) 아유타야 방콕에서 북쪽으로 기차 여정으로 약 2시간 지역에 아유타야라는 도시가 있다. 인구 3만 명, 군사상, 산업상 중요 지점으로, 그곳은 1350년부터 1676년까지 시암의 수도였던 지역으로 우리 왜구와 해외무역선이 활발히 왕래한 곳이다.

당시의 시암 왕국은 일본 군단(軍團)으로 매우 일본인을 우대하였다. 유명한 야마다(山田) 장정은 군단장에 임명되어 시암 이름 오쿠야쿠 나키츠모라고 불리며 8만 석의 녹봉을 가지고 있었다. 장정 외 간부 장교로 일본인이 3명 있었다. 그 한 사람을 쓰다 마타자에몬(津田又左衛門)?이라 하였는데 다른 1명은 불명이다. 장정은 간신에 독살당하여 부하 345명은 캄보디아에 숨어들어 거기에서 다시 7척의 배를 나누어 타고 미나모니로 도망쳤다. 그러자 네덜란드 배 10척이 이를 격공하여 살아남은 일본인은 겨우 6~7명 밖에 없었다고 한다.

네덜란드인은 끊임없이 일본인 배척을 도모하였으나 왕국의 일본인에 대한 신뢰는 두터워, 근위병으로 다수의 일본인을 부근에서 호집하였다. 이렇게 일본인이 중용된 것을 보고 네덜란드인 및 내외인은 더욱 일본인을 미워하게 되어 봉기해 일본인을 습격하였다. 일본인은 혹은 살해되거나 혹은 도망가 남은 자는 적었지만 국왕은 일본인 동네에 일본인 쿄야(京屋) 아무개를 마을 주인으로 세워 주었다.

네덜란드인은 시암 국내에서 일본인의 발전을 저지하였을 뿐만 아니라 무역에서도 일본인을 배척하고 스스로 히라도(平戸), 나가사키

(長崎)로 나가 일본 무역을 독점하려고 하였다. 도쿠가와(德川) 시대 이전에도 우리 나라 상인은 시암에 건너가 무역을 하고 있었는데 나가마사(長政) 시대에 사슴 가죽 문제가 일어났다. 그때까지 사슴 가죽의 일본 수입은 일본인이 독점권을 가지고 있었는데 나가사키의 네덜란드 상관이 끼어들어, 그 이후 일본과 네덜란드 상인의 격렬한 경쟁이 된 것이다. 메남강 범람으로 일본인은 한 장도 매입하지 못하고 네덜란드 측에 폭리를 점령당한 일도 있다.

쿠벨 기록에 의하면 기무라 한자에몬(木村半左衛門)이라는 사람이 일본 마을의 최후의 1인으로, 8년 동안 살았다고 적혀 있으나 일본 마을의 유적은 현재 갈대와 대나무가 무성하다. 바로 요즘에도 돌기와, 일본도 그 외 오래된 기물이 발굴되어 당시 일본인 마을의 성황을 똑똑히 보여주고 있다.

8. 일본인 발전의 현재 상황

시암은 일본에서 싱가포르 경유로 166일이면 도착할 수 있으며, 직항이라면 겨우 열흘을 요컨대 지나지 않는다. 게다가 미개의 원야가 국토의 대부분을 덮고 있어 배수와 관개를 설치하면 쉽게 이것을 비옥한 좋은 논으로 바꿀 수 있고 산해의 자원은 도처에서 발견할 수 있다. 세계 쌀 농작계의 권위를 가지고 자타가 공인하는 일본인의 지식, 경험, 지능이 더해지면 시암 쌀의 품종 개량, 산액 증가는 매우 거뜬한 사업임에 틀림없다.

게다가 일본인의 대 시암 발전의 현상을 보면, 영국인의 기업 투자가 없고 미국, 프랑스에 의한 문화 설비도 없고 중국인과 같이 다수의 재류자가 있는 것도 아니다. 단지 연액 3천만 엔에 달하는 무역액과 약 400명의 재류 일본인뿐으로, 일본인 은행 지점조차 없다. 우리들은 이러한 상태를 보고 옛날 공식 해외 무역선의 활약과 아유타야 왕조시대의 일본인 활약을 생각하면 모든 면에서 금석지감을 갖지 않을 수 없는 것이다.

영국령 말레이에서 철광을 발견하여 미국령 필리핀 다바오 지역에 마닐라 마를 소개한 일본인은 당국에서도 신규 산업을 일으켜 공존공영의 성과를 올렸다. 이는 지하에 잠자고 있는 선각의 영험에 대한 것으로, 언제까지나 이것을 유럽 기획가와 화교의 도량에 맡겨 두고 있어서는 안 된다. 마찬가지로 동양에 나라를 이룬 일본과 시암은 종교가 같은 한편, 상호 부조의 정신과 겸양의 미덕을 겸비하는 국민이다. 게다가 일본과 시암의 통상 조건으로 우리는 치외법권을 버렸고 그들은 보답하듯 국내 거주와 토지 소유의 자유 및 기업 통상상 최혜국 대우를 해 준 것이다. 환언하면 남양 중 우리들 일본인에 내국인 대우와 최혜국 대우 두 가지를 다 주고 있는 것은 시암 이외에는 없다. 하물며 최근 국제 연맹 회의에서도 동국은 확실히 우리 나라에 대한 동정과 호감을 표명하고 있다. 이 기회에 우리 국민은 시암 사람, 이른바 무안타이 연구를 진행하여 동 국민의 행복 증진을 도모함과 동시에 우리 원대한 국책의 수행을 기하여야 한다.

단지 산업뿐만 아니라 영국, 프랑스 두 나라의 세력은 내정까지에도 영향을 미쳐 최근 세상을 놀라게 한 내란도 그 하나의 표현에 다름

아님은 숨길 수 없는 사실이며, 실제로 영국은 변란 발발과 동시에
순양선 한 척을 싱가포르에서 파견하여 메콩강 물가에서 시위 운동을
하였다. 우리 조야의 사람들은 시암의 내정 및 국제 관계에 대해서도
좀 더 철저한 연구와 친절한 태도가 필요할 것이다. 또한 동국의 재류
일본인은 현재 방콕 도시 부근에 343명, 그 외 국내에 있는 것을 합쳐
약 400명으로 주로 말레이반도 및 싱가포르와 연락을 취하고 목재,
미곡 등의 수출 무역에 종사하고 있다. 근시 우리 잡화가 싱가포르를
통해 수입되는 것도 다액에 달해 크게 장래가 기대되고 있다.

프랑스령 인도차이나

1. 행정일반

이른바 프랑스령 인도차이나는 통킹(東京), 안남(安南),[24] 라오스, 캄보디아 및 코친차이나(Cochinchine)[25]의 다섯 지방으로 이루어지는데, 그중 코친차이나는 순전히 프랑스의 영토이고 다른 4개 토호국은 프랑스의 보호국이다. 이 지방을 총할하기 위해 프랑스는 총독을 임명하여 통치하게 하고 코친차이나에는 식민지 관청(植民地政廳)을, 통킹, 안남, 라오스, 캄보디아에는 각각 이사청(理事廳)을 두었다. 전자에는 식민지 장관이 통할하게 하고, 후자에는 각 이사관이 주재하여 그 지방의 정치를 펼쳤다.

문화적으로 관찰해 보면, 코친차이나와 캄보디아는 대체로 인도문화의 영향이 농후한 반면, 안남, 통킹, 라오스는 현저히 중국의 영향을 받고 있다. 즉 글자 같은 것도 공통이고, 복장도 꽤 비슷하여

....

24 베트남 중부지방.
25 베트남 남부의 사이공을 중심으로 한 남부지역.

풍속습관도 중국의 연장이라 봐도 무방하다. 그 지리적인 관계에서 볼 때, 예부터 중국과 밀접한 교섭이 있었던 것에서 연유한 것이라 보인다.

2. 면적, 인구, 지세

프랑스령 인도차이나의 면적은 71만 7천100km, 인구는 190만 명인데 이 인구수는 프랑스령 정청이 발표한 통계에 드러난 숫자로, 인두세를 납부하는 숫자이므로 실제 인구수는 위의 통계상 숫자보다 훨씬 많아 3천만 정도이기 때문에 인구 밀도는 네덜란드령 동인도보다 크다.

지세는 티베트로부터의 산맥이 통킹의 서부에서 라오스, 그리고 남하해서 안남을 지나 코친차이나 경계에까지 뻗어있으며, 안남 남부의 해안에 이르러서는 깎아지른 절벽으로 험준한 갑각과 도서를 드러내고 있다. 주된 강은 리쥬강, 홍하, 클레이크강, 타이핑강, 메콩강 등으로 배편이 좋으며, 리쥬강은 통킹 평야를 윤택하게 하고 메콩강은 라오스, 캄보디아, 코친차이나 등의 대평원을 관개하여 인도차이나의 4만 톤의 쌀을 생사하고 우기에는 물이 늘어 범람하지만 토양이 기름져져 오히려 쌀농사에 도움을 준다.

3. 프랑스의 통치 사정

안남, 통킹 지역은 중국의 이른바 대월국(大越國)[26]이다. 오랜 중국의 번국(外藩)으로 공덕을 바쳐 왔는데, 명나라 때 대월왕 레러이(黎利)가 자립하여 통킹을 수도로 정하였다. 그 무렵 응우옌호앙(阮潢)이라는 자도 스스로를 광남(廣南)왕이라 칭하고 후에(順化)를 수도로 하여 안남국의 시조가 되었다. 명나라가 망하고 청나라에 이르러 광남국은 청조의 봉책을 받아 다시 번국이 되었다. 무왕(武王)에 이르러 안남이 독립의 뜻이 있자 1754년 코친차이나에 사이공 후(西貢府)[27]를 세워 아들로 하여금 이곳에 군림시키고, 그 후 내란이 일어나 응우옌 반냑(阮文岳)이라는 자가 자립하여 코친(交趾)왕이라 칭하고 열심히 남방을 쟁취하였다.

무왕의 아들 응우옌 푹 아인(阮福映)은 코친차이나해 중 동떨어진 꼰선(Côn Sơn)섬에서 성장하여 부업을 이어 안남왕으로서 프랑스 선교사 피뇨(Pierre Joseph Georges Pigneau)에게 조력을 구했다. 피뇨는 기회가 좋으니 이를 도와서 광남에 독립하여 프랑스 왕 루이 16세의 보호 아래 두었다. 푹 아인은 즉위 후 스스로 자롱 황제라 칭하고 광남 지역에서 위세를 떨쳤으나, 그의 아들 응우옌 푹 깐(阮福景)은 일찍부터 프랑스로 건너가 1787년 베르사유에서 프랑스와 보호조약을 맺었다. 이때가 발단으로 프랑스가 동인도에 마수를 뻗기 시작하

----

26 혹은 다이비엣(Great Viet). 베트남의 정식 국호로 1054년~1804년까지 사용하였다.
27 현재의 호찌민.

여 수차례 조약을 맺어 오늘날에 이르렀다.

베르사유 조약으로 프랑스에서 군함 4척과 병사 수천 명을 보내 안남 보호임무를 하게 되었는데 선교사 피뇨와 프랑스령 인도 총독 폰치세리의 뜻이 맞지 않아 실행은 되지 않았다. 이에 피뇨는 정부에 진언하여 군함과 병사의 원조를 구해 꽝남왕(廣南王)을 도와 1802년 결국 대월국을 멸하고 중부 코친차이나와 북부 코친차이나 지역을 손에 넣었다. 여기가 지금의 통킹 지방이다.

1820년 자롱 황제가 죽고 아들 응우옌 푹담(阮福膽)이 왕위를 이었 으나 얼마 가지 않아 그의 아들 응우옌 푹뚜웬(阮福暶)[28]이 재위한다.

당시 유럽에서는 각국이 해외의 식민지 획득에 열을 올리고 있었으 나, 프랑스는 끊임없는 유럽의 전란과 국내에서의 혁명 소동으로 해 외에 전력할 수 없어 식민지 경영은 자연히 방임주의로 흘러갔다. 이 시기를 틈타 응우옌 푹뚜웬은 점차 배외주의를 취해 프랑스 사절 을 쫓아내고 선교사를 학대한 끝에 1862년 선교사 살해사건을 일으켰 다. 프랑스는 크림 전쟁 후 군함을 증파하여 후에 하구의 포대를 침몰 시켜 사이공 후를 점령했다. 이른바 안남 전쟁이다. 프랑스는 더욱이 영국과 협력하여 청나라를 공격하고 있던 연합함대를 안남으로 향하 기 시작하여 사이공 부근에서 안남군을 대파하여 같은 해 평화조역을 체결하고 안남을 순전히 보호국으로서 외교권을 거두게 되었다.

이리하여 프랑스는 메콩강과 소레코이강을 이용해 안남 지역으로

....
28 티에우찌(紹治) 황제.

들어와, 영국의 홍콩 경영에 대항하여 동양에서의 세력을 크게 뿌리 내리려 하였으나, 청나라 정부가 안남왕과 모종의 밀약을 체결해 프랑스인의 내지 탐험을 방해했기 때문에 식민사업은 순조롭지 못했으며 국내에도 혁명소란이 일어나 신공화국이 출현하여 극동에 손을 뻗칠 여유가 없었다. 우연히 프랑스 무역가로 일찍이 탐험가였던 드뷔가 사재를 투자해 광둥(廣東), 윈난(雲南) 지역을 답파해 거창하게 경영하였지만 당시의 프랑스령 인도 총독과 의견이 달라 쫓겨났다. 이런 까닭으로 프랑스는 안남의 외교관을 장악하긴 했지만 철저히 내정까지 세력을 뻗치지 못했다.

1874년, 프랑스는 다시 안남에 조약 개정을 강요했다. 하지만 안남은 청나라에 도움을 청해 청나라는 안남을 번국으로 성명하고 단호히 안남조약의 무효를 프랑스에 요구했다. 당시 프랑스 외무대신은 강베타(Leon Gambetta)였는데, 청나라는 요령부득한 태도를 취하는 한편 흑기군(黑旗軍) 일대를 안남에 침입시켜 프랑스군을 괴롭혔다. 1882년 프랑스에 정변이 일어나 안남사건도 한때 좌절되었지만 프랑스 공사 후레는 상해에서 리훙장(李鴻章)과 절충한 결과 안남 문제에 관해 청나라와 기회 균등한 조약을 체결해 끝을 맺었다. 하지만 그 후 프랑스는 내정을 정돈하며 동인도 지방에 대한 방침은 점차 강경한 태도로 바뀌었다.

이에 청나라는 구이저우(貴州), 윈난의 총독으로 명하여 군사를 광둥에 집결 시켜 흑기군을 돕게 하였으나, 프랑스 동인도 총독은 부예 (François Claude Amour, marquis de Bouillé) 장군으로 하여금 광둥의 청나라 병사를 물리치는 한편, 클로베 휘하의 함대로 후에를 공격하

여 격전 5일 후 결국 안남왕은 항복하여 프링스는 안남을 완전한 보호
국으로 하여 평화조약을 체결하는 데 성공한다. 때는 1883년 8월 24
일이었다.

그 후에도 청나라·프랑스 양국 병사는 광둥에서 충돌이 있었고 안
남에서는 내란이 속출해 프랑스 장군 도쿠르가 후에를 공격해 안남왕
은 잠시 도망하였지만 결국 잡혀 알제리에 유배되는 등 숱한 파란을
겪었다. 1891년에 이르러 보호국제를 고쳐 합병하여 완전한 프랑스
식민지로 라네상(Lanessan)[29]을 총독으로 임명해 프랑스 대통령은 그
에 병마·사법 통치권을 주었다. 라네상은 광둥 하노이(河內)에 이주
하여 관청을 두고 수비병을 파견해 엄중한 간섭정치를 행하였다.

프랑스의 식민지 통치 방침은 영국 및 데널란드와는 달리 철두철
미한 간섭정치였다. 나는 통킹, 안남의 해안을 항행하고 프랑스 선박
맨치호의 손님으로 투롱, 쿠인홍, 가믈란(Gamelan) 등의 여러 항구를
보았는데 노역하는 원주민은 흡사 말레이시아의 같은 취급을 받고,
명에 복종하지 않으면 반나체의 등에 굵은 밧줄 채찍을 하는 잔혹함
은 보는 이로 하여금 얼굴을 돌리게 하였다.

캄보디아는 옛날에 후에 연안 일대를 점유하고 있었는데 인도 히
말라야 지방에서 이주해 온 민족으로 토착 말레이인이나 몽고족과의
혼종으로 미얀마인의 침략을 받아 한때 세력이 약화되었으나 점차
일대에 세력을 이루게 되었다. 불교도로서의 융성을 회복했다. 한(漢)

----

29 장 루이 드 라네(Jean-Louis de Lanessan, 1843~1919)는 프랑스의 박물학자이자
정치가로 인도네시아 총독을 지낸 인물이다.

나라 역사에 프놈(扶南)이라는 것은 캄보디아를 가리키는 것으로 당
시에는 해외와의 무역도 왕성했다. 양(梁)나라 무제가 프놈왕에 봉책
받은 것을 중국사에서 볼 수 있고, 수(隋)나라 때에 프놈은 분립하여
진랍국(眞臘國)과 참파(占城)로 분리되어 양국은 자주 싸웠다. 그 후
또 합병되어 캄부자 왕국이라 칭하고 원(元)나라 때에 번국이 되었으
나 1352년 시암 때문에 정복당했다.

대저 이 나라는 시암과 안남의 중간에 위치하기 때문에 양국은 캄
보디아를 두고 항상 분쟁을 일으켰다. 안남의 자룬왕이 캄보디아를
복종 시켜 속국으로 하자 또다시 안남과 시암의 전쟁이 일어나 결국
양국에서 보호를 받게 되었다. 이러한 소용돌이 속에서 내정은 잡히
지 않고 국력은 날로 쇠퇴하여 서구인이 왕성히 왕래하게 되고 한층
분쟁이 빈번해져 잠시 유럽인은 국외로 추방당하기도 했지만 1863년
에 프랑스의 보호 하로 돌아갔다.

시암은 이에 항의했지만 1867년 프랑스와 시암의 조역에 의해 캄
보디아의 북부 바탐방(Battambang), 앙코르(Angkor) 두 현은 시암령,
그 외는 모두 프랑스의 보호령이 되었다.

프랑스령 인도차이나는 일본·프랑스 통상조약에 가입되지 않아서
일반 통상조약에 관계없이 8월 파리에서 조인한『일본국과 인도차이
나 간 거주 및 항해 제도를 정하는 의정서(日本國及び印度支那間居住及
び航海の制度を定むる議定書)』에 따라 일본인과 그 법인의 거주나 일본
선박에 관해서만 조약 관계가 성립된다.

4. 자원과 산업정책

인도차이나 일대는 아시아 남부에서 가장 물자가 풍부한 국토로, 프랑스 세력권 내에 있는 모든 영토중에서 가장 중요한 보고이다. 따라서 프랑스인도 유럽전쟁 후 이 인도차이나의 풍부한 자원에 눈을 돌려 네덜란드의 동인도에 비교하기에 이르렀다. 재배 기업 적지로 서 수마트라나 자와에 손색이 없을 뿐만 아니라 철이나 석탄 매장량 도 풍부한 것도 고려하자면 프랑스인이 최근에 이곳의 경제적 가치에 눈을 돌린 것도 늦은감이 있다.

개발에 관해서는 극히 보호정책을 펼쳐 프랑스인이나 원주민의 보 호를 제일로 하고 산업 조장을 위해 완전한 쇄국정책을 취하고 영내 에서는 모국 제품의 판매 확장에 힘쓰며 외국 자본이나 외국 제품을 반기지 않았다. 이 때문에 외국인이 인도차이나에서 각종 기업을 시 도할 때, 법규상 지장이 없는 경우에도 사실 문제로는 여러 가지 어려 움을 겪을 수 있다. 특히 이 식민지가 일본·프랑스 통상조약에 가입 해 있지 않아서 일본인은 통상상 아무런 보증이 없고, 그 결과 일본 제품은 관세상 최열등 대우를 받으며 기업도 불리하고 불안한 지위에 있었다.

관세는 일반세율과 최저세율 둘로 나뉘어 조약관계의 유무에 따라 각 외국품에 대한 대우를 달리했으나, 평균적으로 일반세율은 최저 세율의 4배였다. 하지만 우리 일본은 앞서 말한 바와 같이 무조약국 이기 때문에 최악의 대우를 받아, 조약국인 구미 제품에 비해 일본 제품은 매우 차별 취급을 받았다. 따라서 일본 측은 기회가 있을 때마다 프랑스령 인도차이나를 일본·프랑스 통상조약에 가입시키기 위해 재차 프랑스 정부에 교섭해 왔으나, 사이공 상업회의소 등이 완강히 반대하여 아직도 해결되지 못했다.

수출세는 프랑스나 식민지 이외의 지역으로 나갈 경우에 부과되는데, 이는 수입의 목적에서 설정된 것이다.

프랑스령 인도차이나의 천연자원을 이용하는 외국인에 대해서는 광업을 제외하고 어떠한 제한도 규정도 없지만 기업에 필요한 토지의 취득에 대해서는 코친차이나는 외국인과 프랑스인 사이에 아무런 차별이 없지만 대개 토지소유권이 있는 것으로 보여진다. 하지만 다른 보호국에서 식민지와 같은 성질을 갖는 하노이, 하이퐁(海防), 다낭이나 바탐방을 제외하고 외국인은 법규상 토지소유권의 권리가 있는지 없는지 명확하지 않다. 따라서 외국인은 이러한 보호국에서 토지 획득이 필요한 경우에는 프랑스법에 따라 법인을 조직하고 그 명의로 취득하는 것이 가장 편리하고 안전하다.

또한 광업은 해당 지역 광산 조례에 따라 광물의 시굴 또는 채굴을 위한 법인은 본사를 프랑스 혹은 그 식민지에 두고 중역의 4분의 3이 프랑스인 및 식민지 또는 보호국 원주민일 필요가 있다. 외국인은 규정에 따라 프랑스인 혹은 보호국민과 합동하여 법인을 조직하지 않으면 광업에 종사할 수 없다.

5. 기후와 위생

프랑스령 인도차이나의 기후는 각 지방에 따라 다르지만 일반적으로 열대기후이다.

기온은 코친차이나는 여름, 겨울의 차이가 거의 없는 이른바 통상 여름인 나라이다. 연평균 섭씨 27도로 최고 35도까지 오르는 경우도 있다. 캄보디아는 코친차이나와 거의 비슷해서 평균 27도이다. 안남은 지세가 남북으로 길어서 북부의 타인호아(Thanh Hóa)는 25도, 남부의 냐짱(Nha Trang) 근처는 26~27도로 남북의 차가 3도 이상이다. 통킹은 가장 북부에 위치하여 기온은 가장 낮고, 건조기에는 8~10도까지 내려가는 일도 있다. 라오스는 고온과 저온이 각기 다르다.

습도는 매우 높고 그중에서도 가장 높은 곳은 통킹의 델타 지방과 남부 지방이다. 강우량은 코친차이나와 캄보디아는 매년 우기가 일정하여 5월과 10월에는 꽤 강우량을 보이나 그 외의 계절에는 적다. 통킹지방은 우기뿐 아니라 건기에 들어가도 상당한 비가 내리고 안남도 비가 많아 습도가 높은데, 남쪽으로 갈수록 적어진다.

극심한 더위와 주민의 위생사상이 발달하지 않은 탓에 매년 정부가 위생에 힘쓰고 있음에도 불구하고 유행병이 만연하는 경우가 있다. 콜레라, 페스트, 천연두가 주된 유행병으로 나병, 트라코마(Trachoma)[30]도 상당히 만연하고, 특히 콜레라는 매우 성행하여 1926년에는 2만

....

30 눈의 결막질환.

명의 환자가 나왔다. 하지만 재류 일본인은 위생에 주의하기 때문에
이러한 병에 걸리는 경우가 적고, 최근에는 위생시설이 발달하여 유행
병의 발생 및 유행이 현저히 줄고 있다.

6. 인종, 풍속, 종교

프랑스령 인도차이나는 언어, 풍속을 달리하는 다종족을 포용함에
있어 세계적으로 유례가 드물다. 주된 종족을 들면 안남인, 캄보디아
인, 따이족, 참(Cham)족, 므엉(Muong)족, 야오(Yao)족, 먀오(Miao)족,
미개족 등으로 그 외에 중국인, 일본인, 인도인, 프랑스인, 자와인이
있다. 그중에서 안남인은 가장 큰 단체를 만들어 전체 인구의 3분의
1을 차지한다.

각 종족의 풍속, 습관이나 언어는 제각각이다. 안남인은 남녀를 불
문하고 헐렁한 바지위에 소매가 좁은 윗도리를 걸치고, 머리는 다발
로 묶어 머리 위에 두르고, 머리띠를 두르고 귀고리와 두식을 달았으
며, 죽제진립식 삿갓을 썼다. 대체로 근면하고 교육을 중요시하며 언
어는 중국어와 비슷하지만 지금은 라틴어로 개작한 것을 사용한다.
음식은 대체로 중국풍으로 물과 술을 자주 마시며 주택은 허술한 판
잣집이다. 캄보디아인은 대체로 체격이 좋고 어깨가 넓으며 곧게 걷
고, 남녀가 산발이며 남자는 잠뱅이 같은 바지에 허리띠와 비슷한
것을 두르고, 여자는 거기에 숄과 같은 것으로 가슴을 가린다. 가옥
은 매우 허술하고 음식은 쌀, 생선, 바나나를 주식으로 하며 최근 중

안남 훼이 일본인 발전 유적

국인이나 안남인의 요리를 선호하는 경향이 있지만 식사에는 젓가락 대신 오른손을 사용하고 식사 후 손과 입을 씻는 풍습이 있어 대체로 청결을 좋아하고 쾌활하며 인내심이 강하다. 일부일처제를 엄수한다. 언어는 인도어가 사용된다. 따이족은 대체로 캄보디아족이나 다름없다.

종교는 인종에 따라 대체로 다르다. 안남인의 관사 및 지식계급은 유교에 감화하고 있는 것이 농후하나 일반인은 사자(死者)를 존경하는 분위기가 왕성하다. 또 자연물 숭배의 관념이 상당히 많고 특히 호랑이에 대한 숭배는 가장 널리 이루어지고 있다. 캄보디아인은 주로 불교를 믿으며 남자는 학교 졸업 후, 3개월간 본당의 승려가 되어 수행해야 한다. 그 밖에 브라만교의 흔적을 지금도 조정에서 찾아볼 수 있다. 따이족의 종교는 주로 불교이고, 라오족은 전부 불교에 열중한다. 참족은 안남에 사는지 캄보디아에 사는지에 따라 신앙이 달라 전자는 브라만교, 후자는 불교를 믿는다.

7. 교통과 금융

현재 프랑스령 인도차이나의 기설 철도는 그 길이가 겨우 약 220km에 지나지 않지만, 이것을 운전 계통에 따라 분류하면 북부 철도, 중부 안남 철도, 남부 철도 및 쿤밍·하이퐁 철도가 된다. 다시 이를 상세히 나누면,

북부 철도	(1) 하노이, 매찬선 (2) 동당, 남관보 (3) 하노이, 빈, 벤투이(Ben Thuy)선
중부 안남 철도	빈, 다낭선
남부 철도	(1) 사이공, 냐짱선 (2) 뮤온망, 판티엣선 (3) 투르참, 쿠롱후아선 (4) 니야바, 바니요이선 (5) 사이공, 미트선
쿤밍·하이퐁 철도	(1) 하이퐁, 라오스선 (2) 라오스·윈난선(중국 영토)

(윈난철도는 사설선, 그외는 전부 관영)

영내의 철도는 발달이 충분하기 않기 때문에 내국 교통은 주로 자동차에 의존하고 강을 이용한 교통도 상당히 성행한다. 즉 2개의 큰 강인 홍강(紅江)과 메콩강을 비롯하여 많은 하천을 이용하는데, 특히 홍강과 메콩강은 당국 내에서 수운의 중요한 역할을 하고 있다. 그 외에도 통킹 방면에는 운하가 상당히 발달하였고 이러한 하천이나 연안 항로에는 모두 프랑스 기선 회사의 선박이 취항한다.

이 영토의 화폐 제도는 오랫동안 은본위제를 채택해 은화 1피아스터를 본위화로 하고 있었으나 최근 금환율 본위제를 채택하게 됐다.

통화로는 1피아스터[31] 은화, 50센트 은화, 20센트 은화, 10센트 은화, 5센트 백동화, 1센트 청동화 그리고 사펙화(동화, 아연화, 진유화)가 있다. 사펙화는 오직 원주민 사이에 통용되는 엽전으로 통킹과 코친차이나에서는 아연화가 통용되고, 안남에서는 동화가 통용된다. 지폐는 인도차이나은행이 발행하며 종류는 100피아스터, 20피아스터, 5피아스터, 그리고 1피아스터로 모두 무한한 통용력을 가지고 있다.

8. 주요 도시

프랑스령 인도차이나의 도시 중에서 자치제를 실시하고 있는 도시는 사이공, 하노이, 하이퐁, 쩌런(堤岸), 프놈펜, 토우라스의 여섯 도시이고, 그밖에 후에시가 있다.

사이공, 쩌런 사이공(西貢 혹은 柴棍)은 코친차이나의 수도이다. 인구는 약 15만으로 잘 구획된 아름다운 도시로 총독 및 식민지장관의 관저, 시립극장, 공회당 등의 화려한 건축물이나 대상인 주택의 근대 양식 건축이 늘어서 있다. 항구는 인도차이나 제1의 무역항으로 2만 톤의 거선을 수십 척 동시에 가로댈 수 있는 설비가 있어, 사이공 쌀의 수출과 인도차이나 남부지방으로의 화물 수입이 성행한다. 따

----

31 중동과 근동(近東)의 여러 나라에서 사용되는 보조 통화 단위.

라서 무역액도 막대하게 상승해 상공업의 발달도 인도차이나에서 최고다. 사이공 서쪽에 근접한 쩌런은 인구가 15만 명이고 거의 중국인으로 정미지(精米地)로 유명하다. 메콩강을 통해 캄보디아, 라오스 지방과 거래가 성행한다.

프놈펜 인구 8만의 캄보디아 수도로 왕조의 궁전이 있고 프랑스 이사관(理事官)이 주재한다. 국왕의 가람 왓 프놈의 이름은 세상에 저명하고 시의 박물관에는 고대 예술의 진기한 수많은 것들이 소장되어 있으며 곳곳의 사찰 승경, 장려한 캄보디아 왕궁, 고대극장 등은 나그네의 발걸음을 멈추게 할 충분한 가치가 있다. 또 유명한 앙코르와트 순례객들의 준비지로 자리매김하고 있다.

하노이, 하이퐁 하노이는 홍강을 마주하는 통킹의 수도이며 인도차이나 총독의 주재지로 인구는 16만이고 거리가 정돈되어 근대 도시가 갖추어야 할 일체의 조건을 갖췄으므로 프랑스인들은 작은 파리라고 하여 자랑스러워한다. 하이퐁은 인구 10만으로 인도차이나 제2의 무역항이다. 하노이, 사이공처럼 근대 도시로서의 설비가 완전하다. 하노이와 하이퐁 지방은 공업 발달의 모든 요건을 갖추고 있는지 최근 각종 제조공업이 부흥하고 있다.

후에 인구 8만 명의 안남 왕국의 수도로 예전의 풍속이 남아있다. 안남 산맥이 시가를 둘러싸고 한쪽만 바다에 열려있어 왕궁이 있는 땅에 어울리는 지형을 갖추고 있다. 시가는 흐엉강(香江)을 사이에 두고 강 건너에는 프랑스인 거리가 있어 프랑스 이사관이 주재한다.

9. 거주 일본인의 현상

프랑스령 인도차이나의 거주 일본인은 근래 십수 년 간 증가 추세로 1930년에는 남자 231명, 여자 174명으로 합계 405명이다. 직업별로 보면 상업이 119명으로 가장 많고 교통업 42명, 공업 21명, 공무자유업 20명, 송업 19명 순으로 무직 여성 133명에는 수상쩍은 장사꾼들이 대부분 포함되어 있다. 하지만 최근 프랑스령 인도 정청의 외국인 진출 압박의 결과 1933년 현재는 남자 127명, 여자 138명, 합계 265명으로 극감했다.

일본인에게는 대체 무엇이 적당한가 하면 순노동은 맞지 않다. 도항은 반드시 약간의 자본을 휴대해야 하지만, 영업은 무역을 배경으로 하는 모든 거래가 가장 유망하다. 예를 들면 무역상은 물론 식료품점, 잡화상도 좋고 그 외에 농경, 축산, 원예, 물품 대행, 이발, 미용, 욕장업, 사진사, 요리점, 호텔 경영 등이 유리한 사업 혹은 직업이라 전해진다.

원래 프랑스인의 성격은 영국인과 달라 식민지를 경영하는데에도 일본인의 방식과 조금 닮은 구석이 있다. 식민지의 모든 제도를 자신이 원하는 대로 마치 틀에 박힌 것처럼 하고 싶어하는 버릇이 있다. 심지어 인정도 풍속도 오불관언 하는 식으로 자기 생각대로 강제 실행하려 한다. 영국이 오늘날까지 해온 자유주의와 비교하면 대단한

차이다. 그러므로 프랑스령 동인도에 거주하는 일본인도 영국령과는
달리 매우 갑갑한 생각을 하고 있다. 따라서 일본인의 농업은 물론
상공업 등의 사업은 이 지방에서 매우 부진하다.

남지(南支)일대와 대만

    앞서 논했던 부분에서 나는 불완전하나 얼추 남양의 현재 상황과 장래의 동향을 본서의 독자들에게 전달하였으리라 믿는 바이지만, 남양을 이야기함에 있어서는 통념적으로 말하는 남양 이외에 정치적, 경제적으로도 남지 일대, 특히 우리 대만과 밀접한 관계에 있는 푸저우(福州), 샤먼(廈門), 산터우(汕頭), 광둥(廣東) 등 여러 지방을 시야에 넣지 않을 수가 없다. 이하에서는 내가 이들 여러 지방을 시야에 넣어 우리 대만 통치의 현장 및 장래에 대해 언급하고자 한다.

1. 윈난(雲南)과 하이난다오(海南島)

    프랑스가 프랑스령 인도차이나에 있어 대외적으로는 배외주의, 대내적으로는 간섭 정책을 펼치고 있는 것은 이미 그 항목에서 서술한 바이다. 유럽 대전 이전에 독일이 동아 경제 전략의 뜻을 품고 그 유명한 바그다드 철도로 중앙아시아로 진출해 인도의 북방을 우회하여 티베트에서 윈난으로 들어가 중부 중국을 횡단하여 칭다오(靑島)

까지 연결하려 했던 계획서를 작성하던 즈음에, 프랑스는 공포에 떨며 신경과민에 이른 적이 있다. 그리고 하이퐁에 상륙하는 외국인에 대해서는 엄중한 신원 조사를 했을 뿐만 아니라, 상륙 후에도 세심하게 밀정을 붙여두었다.

지금으로부터 27년 전, 내가 동지 수 명과 함께 이 지방을 둘러봤을 때에도 아까 말했던 밀정을 동반하였기에 상당히 번거로움을 느낀 적이 있었다. 특히 동행한 하기하라 메이린(萩原明倫) 군은 하이퐁에서부터 철로로 3시간 걸리는 하노이를 거쳐 몬츠우에서 윈난으로 들어왔지만, 돌아가는 길은 하노이에서 프랑스 관헌에게 잡혀 생각지도 못하게 철창신세를 진 괴로운 경험을 가지고 있다. 어쩌면 군사 밀정이라고 의심받은 것일 수도 있겠지만, 오늘날에는 그러한 근심은 필요 없을 듯하다. 이 지방에서의 일본인 기업이나 무역은 대단한 정도는 아니고 윈난, 몬츠우에 소수의 일본인이 있을 뿐으로 하노이, 하이퐁에도 약간의 잡화상, 식당 겸 여관이 있으며, 그밖에 직업 부인 소수가 독특한 활동을 하고 있는 정도이다.

레이저우반도나 하이난다오에서도 4~5명 정도의 일본인을 볼 수 있던 정도로 홍콩에서 서쪽에 있는 지방은 프랑스의 세력 범위라고 해도 과언이 아니다. 하이난다오의 북쪽 해안에는 시즈오카현(靜岡縣) 사람인 모 군이 유일한 일본인 잡화점을 하며 고군분투를 계속해 나아가고 있다.

2. 홍콩과 광둥

홍콩이 싱가포르 다음으로 영국의 동양 경제정책의 중요한 근거지
임은 새삼 말할 것도 없다. 페낭, 싱가포르와 같이 광둥성 주강(珠江)
하구 옆에 위치한 작은 섬이다. 원래 영국은 식민지 점유를 위한 초석
으로 먼저 대륙에 가까운 섬에 묵직한 요새를 만들어 점차 해안 너머
의 대륙에 그 세력을 전개하는 수단을 취했는데, 홍콩에도 역시 같은
전략을 펼쳐 1842년 남경조약을 통해 이곳을 점령함과 동시에 서서
히 마수를 뻗쳐 해안 반대편의 구룡반도를 손에 넣으며 광둥 지역을
제압하였다. 면적은 겨우 30평방 마일이지만, 인구는 50만 정도 가늠
되고, 인구 30만의 구룡반도와 함께 대영국 동방 무역의 근거지이자
동양 함대의 근거지에 다름없다.

홍콩은 도시 대부분이 거의 산악 지형이다. 그리고 산자락에 이르
기까지 유럽풍의 주택이 늘어서 있으며 해안지역에는 고층 건물이

홍콩 전경

들어서 있다. 향산(香山)의 피크 트램은 꽤 알려져 있지만 전토를 일
주하는 넓은 아스팔트 도로도 명물 중 하나이다. 그 산천과 자연이
가진 아름다움은 세계에서 사랑하는 미관이라고 해도 과언이 아닐
것이다. 필리핀의 마닐라, 싱가포르도 수려하지만 야경의 아름다움
을 논하자면 홍콩을 동남양 제일이라고 추천할 수밖에 없다. 일본의
고베(神戸)도 롯코산(六甲山)이나 마야산(摩耶山)을 일루미네이션으로
이어 야경의 아름다움을 더욱 뽐내게 되었지만, 홍콩과 비교하자면
아쉽지만 미치지 못한다.

　홍콩 정부는 부근의 어업에 있어 15쌍의 트롤선을 허가하고 있지
만, 그 이상의 증가를 막고 있다. 일본인으로는 일본과 중국 합작의
호라이(蓬萊) 어업 공사가 있으며, 멀리 동경 지방까지 원정을 하며
성업 중이다. 이 밖에도 관청, 회사, 은행의 지점에서 근무하는 자라
든지, 잡화 무역 상인, 요리, 여관업 등을 하는 동포들은 근처의 포르
투갈령 마카오의 주재를 겸하여 1천472명에 이른다.

조감도 건너편은 구룡반도

홍콩과 구룡반도 부근에는 중국인의 해상 생활자가 10만 명으로
추산된다. 그와 동시에 해적선이 자주 출몰하는 것으로도 유명하다.
특히 홍콩에서 서쪽, 하이난다오에서 하이퐁에 걸친 구간이 가장 많
다. 정크선을 약탈 대상으로 삼는 것은 물론, 당당하게 기선까지 위
협하는 것도 드문 일은 아니다. 왕년에는 말레이반도가 해적의 온상
이었으나 지금은 홍콩 이서 지방이 그들의 근거지가 되고 있다.

홍콩에 대해 적개심을 가진 광둥에서도 하노이 생활자가 많은 것
으로 알려져 있으며, 그 플라워 보트는 특히 유명하다. 광둥인의 용
기와 민첩함, 근면함은 동북 지방의 중국인에게서 볼 수 없는 특이한
성질이다. 20년 전, 쑨원이 이 지역에서 혁명의 봉화를 당긴 것도
분명 그의 출신지에서 비롯된 것만은 아닐 것이다. 당시 나는 광둥에
있었지만 어떤 한 유럽인이 중국의 어느 지방에서나 볼 수 있었던
것처럼 지팡이를 들고 차를 끄는 쿠리[32]를 때리는 것을 목격하였다.
그 경우 동북 지방의 중국인은 목을 움츠리며 공포에 떨 뿐이었지만,
그때 그 쿠리는 아무 말 없이 차를 돌리면서 안에 있는 외국인을 지상
으로 던져버렸다. 양놈(西洋鬼)! 똥이라도 먹어라, 라고 말하는 태도
가 무언가 일본인의 기개를 떠올리게 하여 나는 통쾌함을 느꼈다.
가까운 상해사건에서 용명을 떨친 19로군(路軍)도, 만경회(滿更繪)에
서 그려진 종규(鍾馗)라고는 생각되지 않았다. 이 지방에 주재하는
일본인 남자는 156명, 여자가 132명, 합계 288명이다.

---

32 쿠리(苦力)는 중노동에 종사하는 하층 중국인 노동자를 이르는 말이다.

3. 푸젠과 대만

푸젠성은 우리 대만과 일의대수(一衣帶水)와 같이 손에 닿을 거리에 있다. 특히 샤먼, 산터우는 대만의 단수이와 해로로 하룻밤(항로로는 1시간)의 일정이다. 대만인은 그 샤먼, 산터우, 푸저우의 푸젠인 및 광둥인과 조상을 같이하며, 그들 중에는 일본과 중국의 이중국적을 가진 사람도 적지 않다. 그리고 대륙에 평화가 찾아오면 중국인으로서 그쪽에서 활동하다가, 어지러워지면 다시 대만으로 돌아와 일본인으로서의 안락한 생활로 복귀하는 것이다. 1932년 10월 1일 현재, 해외 재류 대만인 1만 1천591명 중에 1만 508명, 즉 90% 이상이 중화민국 재류자이며 그 대부분은 해안 반대편에서 생활하고 있다. 현재 대만인 부호의 대부분은 푸젠 각지에 별장을 두고 항상 왕래하며, 그중에서도 샤먼의 구랑위(鼓浪嶼)가 저명하다. 때문에 우리 대만과 푸젠, 광둥 등이 사회적, 경제적, 정치적으로 얼마나 밀접한 관계에 있는지는 두말할 것도 없다.

지금 대만에서는 무역항으로서 지룽, 가오슝의 이항(二港)주의를 취하여 단수이, 안핑과 같은 두 항구는 폐항과 같은 상태가 되어 예전의 번영은 찾아볼 수 없다. 그럼에도 정크선의 왕래는 빈번하며 밀무역이 성행한다는 것도 숨길 수 없는 사실로, 이 일

지룽항

은 대만총독부라도 그 관리에 애를 먹고 있는 상황이다. 푸젠인의 기상은 광둥인과 가까워 중국인 중에서도 가장 진취적, 활동적이다. 최근에는 독립을 선언했다가 일패도지하긴 했지만, 한때 남경 정부를 당황시킨 적도 있었던 것은 그 활동적 기상과 산업적 실력을 바탕으로 한 것이다. 그 정치적, 사회적 변동은 즉각 대만인의 사상에 영향을 주지 않을 수 없었다. 이것은 우리 대만통치에서의 곤란한 사정이 잠복해있는 지점이기도 하며, 역대 총독들은 항상 해안 반대편의 정책에 고심하고 있다.

최근 전해 들은 정보에 따르면, 중화민국은 외자를 유입하여 푸젠에 비행장과 타국의 시설을 계획하고 있는 중이다. 우리 대만총독부에서는 해안 반대편의 개발을 위해 산업교육 등에 종래 많은 돈을 투자해왔으나, 이들 시설은 먼저 대 남중국, 남양 대책을 수립하여 주도면밀한 계획하에 실책이 없도록 하여야 한다.

이와 관련하여 해안 반대편인 푸저우, 샤먼, 산터우 및 그 내륙에 있는 우리 재주 동포는 약 795명이 있다.

4. 대만통치의 장래

대만통치를 시작한 지 이제 40년, 대만은 완전히 변모하였다. 내가 대만에 유람한 것이 3번 전후로 메이지 40년경의 지룽은 아직 빈약한 일개 어촌에 불과하였고, 도로와 교량, 건축까지 대부분 근대적 시설을 볼 수 있는 부분이 없었다. 그럼에도 오늘날에는 이 항구의 안벽

대만총독부

(岸壁), 창고, 수륙 연락의 설비에서 방파제 축조에 이르기까지 고베나 요코하마에 뒤지지 않을 만큼 완비하고 있으며, 어획 항구로서의 설비도 점차 완성되고 있는 중이다. 가오슝에서도 그 항만 설비를 보면 원래 모래사장이었던 접안선은 훌륭한 일대 시가로 변모하여 운하의 개통, 여러 건축의 성행, 가오슝 신사의 당당함 등 자연을 정복한 인간의 힘에 대한 위대함에 감탄할 수밖에 없다.

  철도는 동해안에 연장해 있으며 낭떠러지에는 자동차 도로가 설비되어 있다. 하천은 개수하였고 남북 종단도로는 철교의 완성과 함께 개통하였고 물소가 유유하게 노니는 늪과 연못은 언제부터인가 미답으로 바뀌었고 촌동네의 황무지는 경작되었으며, 그 밖에도 많은 것이 근대문명의 힘이 닿는 곳마다 자연의 모습을 변화 시켜 교통, 통신, 위생 시설의 완비, 교육 산업의 발달 등, 문화의 커다란 답보는 멈출 기색이 없다. 그러나 그렇다고는 해도 이 일대 발전을 불러온 대만에 있는 내지인의 사업과 생활 상황은 어떠한가.

우리 대만통치는 군정 시대에서 현재 민정 시대에 걸쳐, 남북 어느 지방에 있어서도 관민협력, 그 개발에 노력한 공헌은 인정하지 않을 수 없다. 그러나 관민일치라고는 해도 총독부의 사업에 참가하거나 혹은 그 보호를 받아 순조롭게 번창한 자들은 일부 소수의 자본가에 불과하여, 내지인의 다수는 그 은혜를 입지 못한 경향이 없지 않다. 대자본가의 횡포는 국민 감시의 시선이 미치지 못하는 식민지에서 내지에 비해 보다 대담하고 노골적인 행보를 보이지 않았는가. 식민지에서 일어나기 쉬운 관존민비의 풍토가 이러한 사회상에 한층 박차를 가한 폐해 같은 것은 없었을까.

무엇보다 웅변을 통해 사실을 토로하는 것이 요즘의 동향이긴 하다. 대만은 현재 약 450만의 인구, 본도인은 해마다 엄청난 기세로 증가고 있는 반면, 내지인은 해마다 감소하여 증가할 기세는 보이지 않아 약 25만 명에 그친다. 그중에서도 대부분은 상공업에 종사한다고 하는데, 그것도 소수의 관공사를 상대하거나 내지인끼리의 경쟁이다. 그것조차 최근에는 본도인에게 기반을 잠식 당하여, 여지없이 일보 후퇴하는 경향이다. 실제로 한 본도인이 "내지인은 점차 줄어든다. 대만은 대만인의 대만이다. 언젠가는 독립하여 내지인을 추방

가오슝항 표안벽

하겠다"고 호언하였다는 사실을 미루어봐도, 일반적인 정세를 대략 추측할 수 있지 않을까.

한마디로 말하자면, 지금까지 대만에 대한 여러 문화적 시설은 일부의 대자본가와 본도인의 이익을 위한 것으로 대다수의 내지인은 그 은혜를 받는 것이 완전 없다고는 할 수 없어도, 극히 적다고 단언해도 좋을 것이다. 여기서 우리들은 무엇을 위해 다수의 인명과 거액의 국비를 희생하였는지 전연 알 수 없게 되는 것이다. 그렇다면 본도인과 함께 소자본 혹은 무자본가인 다수의 내지인을 이롭게 하고, 정말로 공존공영을 할 수 있는 길은 없는 것인가 하면 그렇지도 않다. 농업시설을 융성하게 함과 동시에 내지 농민의 이주를 장려하는 것이 바로 그 방법이다.

대만에는 36개의 높은 산봉우리가 있다. 그중 산맥 지대는 내지 농업의 이주와 개간과 같은 농업지이다. 현재 네덜란드령 동인도의 자와섬, 수마트라섬, 술라웨시섬과 영국령 말레이시아반도에서는 해발 2~3천 피트에 있는 토지에서 온대 기후 생활을 하고 있으며, 어느 곳도 농작물의 풍요로움을 과시하고 있다. 우리 총독부 당국자가 상세히 두 나라의 남양에 대한 식민지 경영 실태를 연구해보면, 거기에서 많은 유익한 참고 자료를 발견할 수 있을 것이다.

대만의 생산력이 왕성한 것은 우리 식민지 중에서도 가장 재정 독립을 한 것을 보아도 명료하게 알 수 있다. 이 지역에서 내지 농민을 이주 시켜 부원(富源)의 개발을 꾀한다면, 한편으로는 내지 인구의 조절 기능을 하여 농촌 피폐의 기세를 완화하고, 동시에 대만에 있어서의 내지인 경쟁을 타파하고 내지인과 대만인의 공존공영 과실을 얻을 수 있을 것이다. 이를 위해 먼저 총독부가 발 벗고 나서서 지금까지 말한 의미에서의 농업적 시설을 강구하고, 더불어 한층 관민 친화를 꾀하며 보호 정책을 철저히 할 것을 우선시할 필요가 있다.

이러한 대만의 상황에 대해 현재 통치의 책임을 맡고 있는 나카가 와(中川)[33] 대만 총독이 말하길, "본도인의 동화정책은 너무 급속하게 수행하게 되면 문제가 발생할뿐더러 용이하지도 않다. 그러나 우리 나라로서는 대만의 장래를 영국과 인도 내지는 이집트와 같은 관계로 하는 것은 절대로 불가하다.

대만 서해안

이를 위해서는 본도인의 생활 향상을 꾀함과 동시에 내지인과의 경제적 관계를 좋게 하고 한편으로는 철저히 국민 교육을 실시하여 우리 내지인과 같은 사상과 교육을 함양하게 할 필요가 있기에 현재

....

33 나카가와 켄조(中川健藏, 1875~1944)는 관료이자 정치가로 1936년부터 1944년까지 귀족원 의원을 지냈고, 1932년부터 1936년까지 대만총독을 지낸 인물이다.

로서는 보통교육에 전력을 쏟아야 할 때이다. 이리하여 50년, 100년 뒤에는 내지인과 같은 인격과 생활 양식을 갖추게 할 생각이다. 즉, 현재와 같은 중국과 맞닿아있는 땅에서, 자칫하면 국적이나 사상이 혼동되는 중국인과 대만인으로 놔두어서는 안 된다. 반드시 해안 맞은편의 중국과는 분리시킬 필요가 있다. 여기에는 위정자뿐 아니라 내지인도 힘을 쓰지 않으면 안 될 것이다"라고 하였다. 나는 이 발언을 듣고 대만총독의 장래에 대해 크게 마음이 놓였다. 원래 야마토(大和) 민족은 어떠한 국민도 동화시키지 않으면 안 된다. 우리 국민은 해외에서는 쉽게 동화시키지 못하는 국민이기에 이민 등의 사안에서 배척을 받고 있지만, 타국인을 감화, 동화시키는 부분에 있어서는 또한 세계에서 비견할 만한 곳이 없다. 오늘날 우리 국민의 혈관에는 세계 인류 각 종족의 혈액이 흐르고 있으나, 그것은 혼연히 동화하여 우수한 야마토 민족을 위해 존재하는 셋이다. 유구하고 영원한 시간 앞에서는 대만인이라고 하더라도 나아가 우리 국민의 교육과 지도에 의해 그 동화 정책이 실현될 것은 의심의 여지가 없다. 하물며 더욱이 남방의 말레이시아 인종도 예전에는 우리 민족과 특별한 인연 관계가 있는 이상 유색인종을 위해 일치단결할 날도 머지않았음을 믿는다. 여기에는 좋은 지도가 필요할 것이나, 요는 그들을 대함에 있어 덕과 사랑을 통해 공존공영의 과실을 얻는 것에 있으리라.

결론

　현재와 장래 남양의 경제적 가치, 그리고 우리 나라의 국방에서 볼 때 남양의 지위 및 일본과 남양과의 경제적, 군사적 모든 관계는 앞에서 말한 바에 따라 독자는 거의 이해했을 것이라 생각한다.

　우리가 남양에 바라는 바는 철저히 평화적, 경제적 발전으로 조금도 영토적 야심 따위는 갖고 있지 않다. 하지만 만주·상해사건 이래로 여러 나라에서는 이 점에 대해 우리 나라의 진의를 의심하는 자가 있고, 특히 우리 상품의 경이적인 진출로 한층 신경을 곤두세우며 감시의 눈을 번득이는 자도 있으나, 그것은 전혀 엉뚱한 무병신음에 불과하다. 우리 나라의 진의가 오롯이 동아시아의 평화 유지에 있음은 5월 1일 외무대신의 성명에서도 분명하고 히로타 외상의 협조적, 평화적 외교 공작은 국시를 수행할 뿐이다. 이러한 큰 정신은 앞서 행해진 일본·인도, 일본·영국 회담에서의 일본의 협조적 태도에도 드러나고, 조만간 있을 일본·네덜란드·인도인 회상에서도 우리 대표가 이 정신으로 회의에 임할 것임은 말할 나위가 없다.

　그러나 평화는 일반적인 의지나 희망만으로는 보증할 수 없다. 동(東)남양에 광대한 영토를 가지고 있는 여러 나라가 극단적으로 그 영토를 남용하고, 본국 자본가의 이익을 옹호하려면 문명국의 통의에 반하는 문호 폐쇄를 감행하여야 한다. 이는 영내 토민의 생활을 희생시킬 뿐만 아니라 타국의 평화적, 경제적 진출을 차단하여 그 산업적 기초를 위태롭게 할 것이다. 그런 무법적인 태도로 나와 기세가 오르면 언제 어떤 국제적 위기를 조성할지 예측할 수 없다.

아무리 평화를 애호하는 국가라도 오늘날의 국제적 정세 하에서는 이러한 경우를 상상하고 미리 이에 대응할 충분한 준비를 강구해 두지 않으면 안 된다.

뿐만 아니라 설령 평화의 나날이 계속되더라도 이식민 사업은 물론 상업적 진출에서도 반석의 기초 위에 건전한 발전을 기획하기 위해서는 반드시 국기의 배경을 필요로 한다. 이론보다는 증거, 우리 해외체류자가 일장기에 대해 얼마나 열렬한 동경을 가지고 있는지는 그 경계에 있지 않는 한 상상하기 어렵다. 이식민 사업에서도 상업적 활동에서도 국기의 배경 없이 빛나는 성공을 거둔 자가 거의 전무하다는 사실은 동서고금의 역사가 증명하지 않는가.

이에 당연히 그리고 필연적으로 국방──군비의 문제가 생긴다. 나는 지금으로부터 15년 전인 1919년 전후의 구미를 시찰하고 돌아와 열국의 해군 문제에 대해 식자의 각성을 촉구함과 동시에 당국에 대해서도 건책했는데, 『전후 구미만유기(戰後の歐米漫遊記)』에서 논한 아래의 구절은 대체로 오늘날에도 변한 것이 없으므로 여기에 재록하고자 한다.

세계대전의 종식과 함께 식자 간에는 국방 제한을 운운하는 자가 있다. 그럼에도 인류의 역사가 있는 이래, 세계 평화는 20년 지속된 적이 없고, 어디에든 전투 행위가 있어 생존 경쟁의 이면에는 반드시 전쟁이 있다고 보인다. 그러므로 세계 평화를 유지하려고 하면 부디 국방의 완비를 기하지 않으면 안 된다. 하물며 전후 열강은 입으로는 군비 제한을 외치면서 사실은 해군의 확장, 상비군의 증대 또는 신설을 위해 노력하고 있다. 동반구의 대양을 평화적으로 지지하고 있는 일본의 시대에 맞춘 군비를 어찌 소홀히 할 수 있으랴.

일본의 공격적 국방을 논하는 것은 우리 외에 다른 자들이 이를 외교 정치적으로 논단하면, 적어도 제국을 수호해야 할 해군으로서 수세의 전역을 확립하고 이에 대한 계획을 수립하는 것은 각하의 급선무라고 믿는다. 그렇다면 이 수세 전역의 현대에 있어서의 최소한도는 어떤가. 우선 동경을 중심으로 하여 서남 싱가포르까지의 반경을 가지고 태평양 상에 반원을 획책하는 범위에서 해야 하지 않은가. 말하자면 적도 이북, 동경 180도 이서의 땅이다. 이는 말할 것도 없이 가상 적국에 대한 전략에 기초한 것으로 하여, 우리는 이 국방 범위를 다시 3단으로 구별할 필요가 있다. 즉, 제1선은 싱가포르, 자와, 뉴기니, 마셜, 캐롤라인 각 군도에서 하와이 부근, 나아가서는 알류산 군도, 캄차카반도에 이르는 것으로 하고, 제2선은 남중국, 대만, 오가사와라 제도, 쿠릴 열도, 사할린에 이르는 곳, 그리고 제3선은 본국의 연안으로 해야 한다.

우리는 어떤 상황에서도 제3선을 국방의 기초로 하는 것을 원치 않는다. 왜냐하면 과학적 무기가 발달한 오늘날 비행기 및 기타 무기를 가진 적국이 용이하게 연안을 공격할 수 있는 지위에 있기 때문이다. 제2선도 마찬가지다. 그렇다면 우리 국방의 완전을 기하고자 하면 반드시 제1선에 따르지 않으면 안 된다.

우리의 현재 해군에 대해 보자면 일조 유사시에 우리는 제2선을 대비하는 데에는 심대한 어려움을 느끼지 않을 것이다. 즉 대만, 오가사와라, 사할린 등의 연해에 외적의 내습을 받는 날에는 현재의 우리 해군력은 도저히 완전한 방어를 이룰 수 없다. 이러한 제국의 불안정한 국방 때문에 우리는 부디 제1선의 방비를 완전하게 하기 위해서 해군력을 충실하도록 노력해야 한다. 적어도 우리 국방을 논하고 그 전략을 말하는 자는 상정 적국을 가정하고 논해야 한다. 세계의 현세에 비추어 볼 때, 우리는 우리의 상정 적국이 영국이 아님은 지식자를 기다리지 않고도 알 수 있을 것이며, 뉴스가 아무리 역설하더라도 호주가 아님이 명백하다면 어느 나라가 될 것인지 쉽게 알 수 있을 것이다.

적국이 이미 정해진 전쟁 지역은 다시 정해질 수 없으니 과연 그렇다면 무대는 북태평양에 있을 것인가.

우리가 누차 논하듯이, 태평양은 그 이름대로 영구히 태평하겠지만, 그 물결은 팽배하여 언제 광란노도로 변천할지도 모른다. 그리고 우리가 상정하고 있는 적국은 이 바다 위에 많은 요지를 소유하고 있고, 마치 우리 나라가 봉해진 것과 같은 현재 상황에서, 한층 국방의 급선무를 느끼지 않으면 안 된다. 이에 대한 우리 국방의 전략으로 계획을 평시(平時)와 전시(戰時)로 양분하는 것이 지당함을 느낀다. 평시의 계획이란 곧 준비로 만약 그르치면 전시의 결과는 바로 알 수 있다. 이에 우리 조함정책의 수립은 가장 신중한 태도로 단행되어야 한다. 또한 북태평양의 기상, 해양의 여하 등은 우리 조함 정책상 막대한 관계를 가진다. 가령 영국이 비교적 톤수가 적은 선함, 경순함의 현측이 낮은 것을 선호하는 것을 반드시 우리 나라가 모방할 필요가 없는 것처럼, 제반 시설, 우리 해양을 경비하는 데 적합하도록 건조해야 한다. 그리고 조함의 종류 등도 우리 나라의 특수한 지위에 비추어 결정하지 않으면 안 된다. (조만간 해군 당국은 이 방침 아래, 우리만의 독특한 조함 정책을 실현해 가고 있고, 최근의 진기한 '도모즈루(友鶴)' 수뢰정의 복원력에 대해 신중히 전문적 연구를 하고 있는 것으로 보아 장차 이러한 연구와 조함술의 개선이 필요할 것이다.)

그렇다면 우리 나라는 본디 어떠한 지위에 있고 어떤 지세를 가지고 있는가. 즉, 북태평양상에서 동북쪽에서 서남쪽으로 긴 뱀이 가로누운 것과 같고, 그리고 태평양 연안에는 다수의 중요한 항만을 가지고 있으며, 제조 공업지와 도시가 그 연안에 있다. 따라서 유사시에 우리는 각종 재료를 아시아 대륙에서 공급받음과 동시에, 이와 같이 중요한 위치에 있는 도시와 항만을 보호해야만 한다. 이것이 우리 해군의 태평양 연안 경비와 함께 일본해, 북중국해, 동해, 황해, 멀리 남중국해, 오호츠크해를 완전히 보호해야하는 이유이다. 이는 일본 생존의 긴급 문제이다. 그리고 이를 완전히 하려면 첫째, 다수의 잠수함을 필요로 하는 것은 불을 보듯 명백한 사실이지만, 우리는 잠수함만으로 아직 마음을 놓을 수 없다. 그러므로 둘째, 고속도를 가진 대함을 다수 건조하여 적의 순양함, 공수함이 근해에 내습하는 것을 격퇴시킬 필요가 있다. 즉 순양함을 다수 필요로 한다. 그러나 이러한 것들로는 아직 방비를 완전히 꾀했다고는 할 수 없다. 이에 더하여 우리는 제3의 항공기의 필요성을 외쳐야 한다. 만일 오늘 불행히도 영국과 개전했다고 하자. 그들은 대함대를 동양에 회항하지 않고서도 비행기 모함인 후리야스, 빈덱치브처럼 32노트, 30노트의 빠른 속도로(전자는 20척, 후자는 10척의 비행기를 갖고 있다) 한번 우리 연안에 내습하고, 그 비행기는 1시간에 140마일의 속도로 족히 4시간은 비행을 견딜 수 있기 때문에 우리 연안의 도시 대부분에 폭탄이 투하되어 목조 가옥은 금세 잿더미로 변할 것이다. 이 지경에 이른다면 도저히 방어할 수단을 발견할 수 없을 것이다. 하물며 제국 군함이 이와 같은 쾌속도를 가진 모함의 추격을 감히

할 수 없는 현상에 있어서야. (당시는 불안할 뿐이었다. 1920~21년에 이르러서야 나가토(長門), 무쓰(陸奥)의 2척의 전함을 추가한 것이다.) 그 참해와 공포란 상상할 수도 없고, 겨우 비행기 모함 2척이 움직일 뿐이다. 그 밖의 대함에 이르러서는 도저히 그들과 우리를 비교할 수가 없다. 이에 일본 해군은 온 힘을 다하여 이를 방어해야 한다. 이상의 적은 예로도 얼마나 비행기의 증건과 또 그 비행장의 설치가 지금 급선무인지 알 수 있다. (오늘날 방어적으로 비행기의 증가는 보이지만 아직 완전한 경지에 이르지 못했다는 것은 자주 당국자가 말하는 바이며, 민간의 헌납에 의한 것을 합쳐도 여전히 불충분하다는 것은 비행장 증가의 필요와 함께 모두가 알 것이다.)

비행기의 내습에는 고각포를 필요로 하지만, 우선 비행기의 내습에 비행기로 싸우는 것은 득책이 있을 수 없다. 이상의 세 요건은 우리 국방상 절대 필요조건이다.

국방의 기초 조건이 확립된 후에야 비로소 공세 방어를 할 수 있을 것이다. 그러나 이러한 조건조차 완비하지 않고서는 아무리 당당한 함대를 가진다 해도, 우리 나라처럼 특수한 지위에 있는 국방은 도저히 불가능하다.

만일 적의 대함대에 대비해서는 우리 순양함을 우세하게 보유하고, 이와 배치하여 잠항정 등 특수한 함대를 갖추어야 한다. 만약 이렇게 하지 않으면 재정에 여유가 없는 우리로서는 일찍이 독일이 영국에 대항하여 그 조함 정책을 수립해 항상 영국에 끌려다니며 증함한 결과 결국 그 말로에 이르게 된 것처럼 되지 않을까? 우리는 88, 84함대와 같은 형식으로 흘러가는 것을 원치 않는다. 요점은 84, 83, 82가 된다고 해도 이러한 기초 조건을 확립한 후, 열국의 추세에 비추어 조함 계획을 세워야 한다. 이것이 곧 평화 전략이다. 만일 이 기초 조건을 갖추지

못해 조함 방침이 잘못되어 최소한의 국방, 즉 앞에서 말한 국방의 제3
선도 헛되게 되면, 우리는 전시에 아무리 해군의 활동을 원해도 도저히
불가능한 일이고, 또 극히 어려운 주문이다.

　만일 전시 전략에 우리가 문외한으로 아는 바가 없으면 모름지기 해군
당국을 신뢰하고 그 조치에 일임할 수 있도록 해야 한다. 우리는 단지
평시 전략을 그르치지 않기를 국민과 함께 이를 우려하는 것이다. (이하
생략)

　워싱턴 회의 당시 나는 5대 강국과 대등한 비율을 요구해야 한다고
논하고, 적어도 영국·미국 양국과 우리는 동등한 비율이어야 한다고
극언했지만 우리의 전권 가토 도모사부로(加藤友三郞) 대장은 정부 및
해군의 의견을 대표하여 마침내 영국, 미국, 일본의 비율을 5, 5, 3
(주력함대 즉 전함 및 전투 순양함)으로 승낙했다. 영국과 미국은 그걸로
만족하지 못하여 당시 의장이 끝나자마자 전함 나가토를 미완성 전함
이라 하여 없애버리려고 하는 등 안하무인으로 억지를 부린 것이다.
우리 나라는 이 난경에 비틀거리면서도, 그래도 태평양의 방비 현상
유지라는 최후의 승부수에 성공해, 어느 정도 면목을 회복했지만, 그
후 런던 회의에서, 와카쓰키(若槻禮次郞) 전권은 작은 선함의 비율을
증가시키는 한편 장래의 비율 협정에 보류를 붙였다. 이 회의의 성과
가 워싱턴 회의에 비해 어느 정도라도 우리의 지위를 유리하게 이끈
것은 공평하여 싸울 수 없다.

　이렇게 해서 워싱턴 회의의 결과는 5, 5, 3의 비율을 협정한 것이지
만, 1921년도 말 현세로서는 신예 전함 무쓰를 더해도 미국의 10에

비해 우리는 3이라는 한심스러운 현실을 폭로한 것이다. 이는 다이쇼 (大正)³⁴의 벽두, 이른바 지멘스(Siemens) 사건이라는 것이 일어나서 당시의 의회가 해군 예산을 극도로 감액한 것이었다. 한 나라의 대표가 국사를 논의함에 있어서 냉정하게 사태를 고찰하지 않고, 함부로 감정에 사로잡힌 결과가 얼마나 국가에 화를 입히는가에 대한 명증이며, 우리 나라의 정치가들에게는 잊어서는 안되는 살아있는 교훈이라 해야 할 것이다.

1923년도 말에 이르러 우리가 현재 지니고 있는 세력은 셋쓰(攝津) 함을 제외하고 후소(扶桑)급 4척, 나가토급 4척(가가(加賀), 도사(土佐)는 워싱턴 회의 결과 그중 하나는 비행기 모암이 되었고 하나는 미완으로 끝났다.), 순양전함 콘고(金剛), 히에(比叡)를 더해 겨우 미국 10에 대한 7강에 도달할 수 있었다. 이후 우리 나라는 미국의 10에 대해 항상 7약의 비율을 보유하여 오늘날에 이르렀다.

워싱턴 회의 당시는 평화의 바람이 세계를 휩쓸었던 탓도 있어, 비율 대등을 절규하는 우리의 목소리에 불행하게도 국민들은 뒤돌아보지 않았으나, 지금은 시세가 분명히 일대 변화하고 있다. 만주사변 이래 국민적 자각은 왕연히 일어나, 국제연맹의 탈퇴와 함께 1935~36년의 위기는 우리 국민 모두에게 일대 각오를 요구하고 있다. 다가올 제3차 군축 회의가 어떤 경우를 전개해 올지는 쉽게 예측할 수 없지만 해군 당국도 정부도 비율 대등의 요구를 내걸고 회의에 임할

....
34 일본의 연호. 1912~1926.

것으로 추정되며, 국민이 협력 일치하여 이 나라를 지지할 것임에 틀림없다. 비록 대등한 비율이 우리 쪽의 희망대로 성립되지 않는다고 해도, 우리의 최소한의 요구가 1918년 12월 공표된 해군 군축 문제에 관한 제국 정부의 성명(부록 참조)에 기초를 두리라는 것은 틀림없다. 이에 대한 영국·미국의 반대는 미리 상상할 수 없는 것은 아니지만, 일본은 단호하게 이러한 반대를 배격하고 어디까지나 우리 목적의 관철에 매진해야 한다.

평화의 여신은 국제적 세력의 균형을 이루어야만 비로소 웃는 얼굴을 보일 것이다. 이 균형이 깨질 때는 의심할 바 없이 국제적 위국을 내포하는 찰나다. 남양에 평화적, 경제적 발전을 기획하는 것만을 생각하는 일본이 태평양의 평화를 애호하고 열망하는 염려는 다른 어떤 나라에 뒤지지 않는다. 이와 동시에 이 평화를 위협하고 평지에 파란을 일으키는 국가적 이기심의 도약에 대해서는 단호한 태도로 임해야 한다. 우리 국민은 그 준비에 대해 어떠한 희생도 불사할 각오를 필요로 할 것이다.

부록

개정 중판에 즈음하여

『남양대관』의 간행과 함께 독자 대부분은 남양의 전모와 우리의 남양 발전이 얼마나 급선무인가를 인식했을 것이다. 현재 각 방면에서 귀한 비평과 충고를 받고 있어, 필자는 그 반향이 적지 않았던 것으로 감사하고 있다.

일본·인도, 일본·영국 협상에 이어 일본·네덜란드 협상은 이미 바타비아에서 개최되었다. 그 결과 어느 정도로 타협이 된 것인지는 아직 알 수 없지만 일본·인도 협상에 대한 우리의 양보와 일본·영국 협상의 부조리는 이번 일본·네덜란드 회의에도 조금 어두운 그림자를 드리운다. 먼저 런던에서 열린 세계경제회의에서의 각국의 이기적인 태도는 결국 회의를 결렬로 끝나게 하였다. 프랑스의 해외 무역은 원래 보호정책을 취하고, 영국은 오랫동안 자유무역주의를 취했으나 식민지에 대한 개방청책은 결국 본국의 부강을 가져와 오늘날은 완전히 보호정책으로 바뀌었다. 네덜란드 정부도 세계경제회의 직후 현 수상인 콜레인(Hendrikus Colijn)[1]이 강력한 보호정책으로 태도를

....
1 헨드리퀴스 콜레인(Hendrikus Colijn, 1869~1944). 네덜란드의 정치가로 총리 시절,

바꿔 네덜란드령 동인도에서의 무역처럼 완전히 쇄국주의를 주장해 일본산 시멘트, 맥주, 사론(腰卷)[2]에까지 수입제한을 걸었다. 그뿐 아니라 이번 회의에서는 영국처럼 할당제나 바터(barter)제[3]를 주장하며 일본인 상점의 제한이나 입국 제한을 하기에까지 이르렀다. 이렇게 미국조차도 수입 제한을 이유로 일본의 식민지인 필리핀을 결국 독립시키기에 이르렀다. 이렇듯 세계 경제와 무역은 현재 혼돈하는 불안 속에 각국을 다투는 자국 본위의 무역정책을 수립하고 제한과 보호를 통해 관세장벽을 높이고 있으나, 동양과 남양에서는 순전히 적본주의로 우리를 고립 상태에 빠뜨리고 있다.

우리가 국제연맹을 탈퇴할 때, 이미 각국은 일본을 경제적으로 봉쇄할 것을 각오했기 때문에 이제 와서 이러한 협상으로 일본 제품에 할당이나 제한을 두는 것에 놀랄 것도 없으나, 문제는 이미 상사(商事) 관계를 떠나 정치적 무대에 서 있다는 것이다. 이 이상은 실력 있는 외교적 공작으로 우리 상품의 해외 진출을 노릴 수밖에 없다. 특히 남양제도에 대해서는 마찬가지다. 다가올 1935~36년을 앞두고 다행히 우리 해군에서는 조만간 제2 보충계획을 실시하고, 항공력의 내실화를 도모하기 위해서는 제1차 계획에 기초한 항공대 10대와 제2차 계획의 8대를 증설하여 1936년까지 완성할 예정이며, 공군 용사 1천500명을 양성하기 위해 노력하기로 한 것 같다. 우리는 육상 방공

동인도의 독립에 대해 반대 입장을 전개하였다.

2 코시마키(腰卷)는 옛날 일본 여성이 여름에 허리에 두른 예장용 의복이다.

3 물물 교환에 의한 무역 제도.

과 호국의 중대한 임무에 해당하는 해방에 대해서는 최선의 후원을
받아야 한다.

그리하여 그 결과는 저절로 자명해질 것이다. (1934년 7월 3일)

저자 씀

해국 군축 문제에 대한 제국 정부의 성명
(전문공표, 1932년 12월 11일)

　제국 정부는 국제평화를 보호해야 할 군축 사업의 실현에 대해서는 가장 큰 관심을 가지고 있으며, 이번 일반 군축 회의에서도 관계 각국과 협력하여 군축 사업의 성공에 기여하기 위해 최선의 노력을 기울이도록 하였다. 이번 회의에서 각국의 제안, 그중 미국 대통령 후버(Herbert Clark Hoove) 및 영국 추상(樞相) 볼드윈(Stanley Baldwin)의 제안에 대해서는 그 발의에 대해 제국 정부는 충심 경의를 표하고 신중을 고려하는 것도 그 내용에 있어서 제국 정부가 수락할 수밖에 없다는 점을 들어 해군 군축 문제에 관한 그 견해를 공개하려고 한다.

　제국 정부는 해군 군비의 질적 및 양적 감축에 관한 토의를 행하는 데 있어 먼저 일반 위원회에서 결의한 군축의 원칙, 군축의 기조 및 질적 군축의 원칙의 3대 결의에 입각하여 공격적으로 한다. 공격 위력이 큰 병력의 축소를 도모함과 동시에 각국의 지리적 지위 및 특수 사정을 충분히 고려해, 각국의 안전성을 해치지 않도록 현실 상황에 맞는 공정하고 합리적인 해결을 기함으로써 향후 회의지도의 원칙을 요구한다. 다음으로 협정 방법은 회의를 성공시키는 데 있어서 가장 고려가 필요한 부분으로 이번 회의와 같이 전 세계 각국의 참가 대상 회의에서 서로 자국에는 관계없는 문제 또는 미세한 문제까지도 일일이 전체 참가국에서 토의하고, 한꺼번에 전반에 걸친 협정을 이루어 내는 것은 실제 불가능하며 회의의 성공을 기할 수 없다. 때문에 제국 정부는 향후의 해군 문제 토의에서 앞서 서술한 회의지도 원칙에 적합하고 회의의 진행을 용이하게 하고, 그 목적 달성을 확보하기 위한 유효하고 실제적인 순서 방법으로 협정의 대강은 7월 23일의 일반위원회 결정에 의하여 고려된 바와 같이 일본·영국·미국·프랑스·이탈리아가 미리 상의하는 것으로 한다. 다음으로 협정을 일반협정과 특별협정의 2단계로 구분하여 일반적 사항에서 국부적으로 상세하게 옮겨가는 형식을 취한다. 또한 해군 병력을 강력히 하여 상대적 성질이 농후한 병력 즉 주력함, 항공모함 및 갑급순양함과 지리적 지위 및 특수 사정에 지대한 관계를 가지고 방어상 및 경비상 필요한 병력, 즉 주로 을급순양함, 공수함 및 잠수함과 구별한다. 일반협정에서는 각종 함정의 질적 감축 및 56해군국의 주력함, 항공모함 및 갑급순양함의 양적 축감을 실시하여, 최대한 공격력의 삭감을 계획한다. 아울러 5대 해군국을 다니는 을급순양함 이하의 보유량을 최대한도로 정하도록 하며, 특별협정에 있어서는 이해관계가 밀접한 국가마다 을급순양함, 공수함 및 잠수함의 양적 감축을 실시하고 각국의 지리적 지위, 특수 사정을 충분히 고려해 협정의 공정을 기약하도록 하는 것이 이때 실시해야 할 지당한 방법이라고 믿는다. 제국 정부는 이상의 견지에 근거하여 전 세계 각국 간 협정의 기초를 이루는 데에 가장 합리적이고 실제적인 방법으로 아래의 정의를 하고자 한다.

A. 일반협정

일반 협정은 함선의 질적 감축 및 일본·영국·미국·프랑스·이탈리아의 공격 위력이 큰 함선의 양적 감축을 협정하고, 위의 각국을 다니는 을급순양함 이하의 최대한도 보유량을 협정하는 것을 목적으로 한다.

(1) 각 함종(艦種)의 함형(艦型) 및 비포(備砲)의 제한 축소를 협정한다.

(2) 일본·영국·미국·프랑스·이탈리아 다섯 나라의 주력 함항공모함(艦航空母艦) 및 갑급순양함 보유량의 제한 축소를 협정한다.

(3) 일본·영국·미국·프랑스·이탈리아 다섯 나라의 을급순양함, 구축함 및 잠수함 보유량을 일반 협정에서 정한다. 각국이 실제 보유해야 할 양은 특별 협정의 분류에 따라 각국에 속하는 조에서 가가 관계국 사이에 현실 보유량을 표준으로 하여, 그 지리적 위치, 특수 사정 등을 고려해 앞에 기술한 최대한도 범위내에서 가능한 만큼 축소할 것을 협정한다.

B. 특별협정

특별협정은 전 세계 각국을 중심으로 태평양조·유럽조·남미조로 구분하여 일반협정에서 정해진 부분을 기초로 하고, 주로 각국의 실제 보유해야 할 병력(일본·영국·미국·프랑스·이탈리아 을급순양함 이하 보유량)에 관해 각 조별로 제한 축소를 협정한다. 그리고 2개조에 걸쳐 밀접한 관계를 가진 나라는 관계조의 협정에 참가한다.

애당초 금번 의회와 과거 6개월 사이의 토의를 통해 전 세계 각국이 대체로 일치를 보아야 할 가장 중요한 점은, 공격력은 약하게 하고 방어력을 늘리려는 기초 원칙에 기반하여 선택된 질적 군축에 관한 원칙이다. 따라서 제국 정부는 먼저 전문 위원회에서 위압적 대다수가 진격적으로 국방 파괴에 유효할 뿐만 아니라 비전투원에게 위협을 가하는 것이 된다는 것을 인정한 항공모함의 축소를 요구해야 한다. 다음으로 공격력을 감소하고 방어력을 증대시킬 것을 요구해야 한다. 기초 원칙은 필연적으로 우수 해군국에 대해 열등 해군국에 비하여 더욱 큰 희생을 제공해야 할 것이 되도록 요구하는 것으로, 실로 군축의 실행을 기한다고 한다면 전자는 스스로 솔선하여 타국에 비해 더욱 많은 삭감을 할 것을 각오를 가지지 않으면 안 된다. 특히 양자를 통해 동일량의 축감을 하려고 하는 것은 그 축감이 커질수록 열세 해군국의 안전감을 해치는 정도가 점점 커질 것이다. 따라서 주력함 및 갑급순양함과 같이 상대적 성질이 농후한 축감에 대해서는 특히 이 점을 고려하여, 열세 해군국의 안전감을 해치지 않을 필요가 있다. 을급순양함 및 구축함은 타국의 병력과 상대적 관계 비교적 적고 커다란 진격적 위력을 가지지 않아 전시에서는 연안 방어 및 교통 보호상, 또 평시에 경비상 지리적 상황에 따라 그 소요량은 주로 각국 자주적으로 반드시 결정되어야 할 것이다. 또 잠수함은 해군 위원회에서 대다수의 대표가 인정한 것과 같이 방어적으로 하여 진격적 성질을 가지지 않는다. 또 타국의 동종 병력과 상대적 관계를 가지는 일이 극히 적으며, 열세 해군국의 방어상 필수의 병력으로 하고 그 소요량은 각국의 방어적 입장 및 지리적 위치에 따라 자주적으로 결정되어야 할 것이다. 즉 을급순양함 이하의 함선의 보유량은 주로 각국의 지리적 위치 및 특수 사정을 중시하여 결정해야 한다. 각국이 실제 보유해야 할 양은 특별 협정에서 이를 결정하고, 일반 협정에서는 각국이 용인해야 할 공통의 최대한도를 가지고 협정할 것을 요구하는 바이다. 이상의 고려에 의거하여 제국 정부는 아래와 같이 일반협정의 구체안을 제시한다.

(1) 장래 건조 각 함종의 함형 및 비포의 최대한을 아래와 같이 제한, 축소한다.

주력함 {2만 5천 톤 / 14인치(35.5센치}포
갑급순양함 {8천 톤 / 8인치 (20.3센치)}포
을급순양함 {6천 톤 / 6.1인치(15.5센치)}포
구축함 {1천500톤 / 5.1인치(13센치)}포
잠수함 {1천800톤 / 5.1인치(13센치)}포

항공모함을 전폐하고 또한 함선에 비행기 착함용의 대(臺) 또는 갑판을 장식하는 것을 금지한다.

(2) 일본·영국·미국·프랑스·이탈리아 5개국의 주력함 및 갑급순양함의 보유량을 아래와 같이 축소한다.

◇ 주력함
일본   20만 톤 8척
영국   27만 5천 톤 11척

　　미국　　　　27만 5천 톤 11척

　프랑스, 이탈리아는 15만 톤(척수 임의)을 최대한도로 하여, 그 범위 내에서는 각각 실제 보유해야 할 양을 관계국 간에 협정한다.

　　◇ 갑급순항함
　　일본　　　　8만 톤 10척
　　영국　　　　9만 8천 톤 12척
　　미국　　　　9만 6천 톤 12척

　프랑스, 이탈리아는 5만 6천 톤(7척)을 최대한도로 하여, 그 범위내 에서는 각각 실제 보유해야 할 양을 관계국 간에 협정한다.

　(3) 일본·영국·미국·프랑스·이탈리아 5개국 각국을 지나는 을급 순양함, 구축함 및 잠수함의 최대한도의 보유량을 아래와 같이 정한다.

　　을급순양함　15만 톤
　　구축함　　　15만 톤
　　잠수함　　　7만 5천 톤

　이를 요약해 보자면 제국 정부의 제안은 전 세계 여론이 시인하는 군축에 관한 원칙을 기조로 하고, 군축 사업의 목적을 달성하는 데 가장 공정하고 합리적으로 실제적인 해결 방법을 제출하여, 회의의 성공에 기여하려는 성의를 피력하는 것이다. 타 해군국에서 이를 수

락하는데 곤란이 없을 것이라 믿을 뿐만 아니라, 이로 인해 관계 국민
의 부담을 경감시키는 막대한 것이 있는 것처럼 실로 항구적 세계
평화의 확립에 기여하는 길이 될 것이라 확신한다.

이상

열국 공군의 현황

(최근 조사)

영국 해군항공대를 제외한 비행대 수는 본국에 75중대(中隊), 해외에 23중대로 본국은 전투 13대, 육군협동 10대, 경폭 34대, 중폭 10대, 통신 1대, 비행정 7대, 중대비행기 총 수 약 1천500대이며, 예산은 1933년에 1천963만 8천600파운드, 항공대 인원은 장교 3천150명, 하사 이하가 2만 5천42명이다. 또 비행 중대는 89중대, 인원은 4만, 비행기는 2천72대를 목표로 현재 정비 중이다.

미국 해군 항공대를 빼고 전투 21대, 공수 4대, 정찰 14대, 폭격 12대, 합계 51중대 외에 항공 학교, 교도(敎導)중대 1대, 기구(氣球)중대 1대, 비행선 중대 2대, 비행 근무 중대 16대로 총 대수는 1천660대이다. 1933~34년의 예산은 2천704만 2천330달러이며, 장교 인원은 1천615명, 하사 1만 4천 명이다. 하지만 1934년부터 비행기 총 수를 약 2천8백 대로 확장하기 위해 5개년 계획을 실시 중이다.

프랑스 해군 항공대를 빼고 공수 35대, 정찰관측 46대, 경폭 9대,

중폭 18대, 엄호 2대로 합계 110중대 외에 기구 18중대, 해외부대 24
중대로 총 대수 3천이다. 1933년도 예산은 16억 9천41만 3천 프랑,
장교 인원은 2천90명, 하사 이하는 3만 412명이지만, 앞으로 201중
대, 현재의 약 2배로 확장할 계획이다.

이탈리아 비행대 수 전투 36대, 정찰 28대, 폭격 31대, 연습 14대,
기중 불명 14대로 합계 23중대 외에 기구 2중대가 있지만 최근에 편
제를 변경하여 주력군 42대대(大隊), 육군 협동대 15대대, 해군 협동
대 4연대로 하고 식민지는 별도로 정하도록 했다. 총대수는 1천5백
대로 1933~34년도 예산은 6억 9천590만 8천 리라(lira)[4]이고 인원은
장교 2천437명, 하사 4천488명, 병사 2만 5천29명이다.

러시아 러시아는 모든 면에서 비밀스러운 국가인데 특히 군사에
대해서는 쉽게 외부의 규지를 허용하지 않아 공군 병력에 대해서도
정확한 자료가 부족하고, 5개년 계획의 진행에 따라 해마다 확장되고
있는데 대체로 비행대 수는 공수 46대, 정찰 87대, 폭격 46대, 공격
등이 31대로 합계 210중대 외에 기구 13중대 해군기 32중대로 약 2천
500대로 추정된다. 러시아가 공군 확장에 어떻게 노력하고 있는지는
아래와 같은 최근 몇 년간의 발전 상황을 보면 알 수 있다.

....

4 1861년부터 2002년까지 통용된 이탈리아의 통화. 2002년 당시 환율은 1리라 = 0.62원
정도였다.

연 차		대 수
1931년	1월	1,500
1932년	1월	1,600
1933년	1월	2,200
1933년	10월	2,500
1934년	1월	3,000

이처럼 약진적인 숫자를 보이고 있는 나라는 다른 유례가 없으며, 실제로 극동에도 400대 내외를 배치하고 있다고 전해져 향후의 발달은 세계 주시의 대상이 되고 있다.

중국 상하이 사변(上海事變) 이래로 공군의 건설 확장에 총력을 기울여 현재 중앙군은 육상 8대, 수상 1대, 대수 약 100대로 광둥군 6대 115대, 동부군 10수 대로 아직 열강에는 훨씬 미치지 못하나 앞으로 결코 경시할 수 없다.

일본 해군 항공대를 빼고 비행대 26중대, 기구대 2중대, 총 대수 약 1천 대로 올해 항공 예산은 약 2천600만 엔이다.

해외 각지 재류 우리 나라 내지인 수

(1932년 10월 1일 현재) 외무성 통상국 조사

주별 (洲別)	국명	총 수	내역		1931년	증가수 △감
			남	여		
아 세 아	극동 러시아령	2,201	2,000	201	2,101	100
	만주	135,507	72,891	62,616	112,735	22,772
	중화민국	53,374	29,037	24,337	53,532	△ 258
	영국령 홍콩 및 포루투갈 마카오	1,472	824	648	1,801	△ 329
	영국령 말레이	265	127	138	307	△ 42
	시암	290	191	99	309	△ 590
	영국령 인도 및 스리랑카	1,443	828	615	1,394	49
	네덜란드령 동인도	6,874	4,561	2,313	6,775	99
	영국령 북 보르네오 및 사라와크	582	402	180	553	29
	필리핀 군도 및 괌섬	20,316	14,740	5,576	19,695	621
	페르시아	20	15	5	21	△ 1
	계	328,208	129,065	99,143	205,777	22,431
북 미	북미 합중국 본토	102,895	61,481	41,414	103,996	△ 1,101
	하와이	146,764	77,734	69,030	144,295	2,489
	영국령 캐나다	19,626	11,514	8,112	20,156	△ 2,469
	계	269,285	150,729	118,556	268,447	2,489
중 미	멕시코	5,824	3,700	2,124	5,930	△ 106
	파나마	330	253	77	306	24
	큐바	754	562	192	764	△ 10
	계	6,908	4,515	2,393	7,000	△ 92
남 미	브라질	132,699	76,801	55,898	119,740	12,959
	페루	21,141	13,381	7,760	20,650	491
	아르헨티나	5,124	3,884	1,240	4,846	278
	우루과이	36	27	9	29	7
	파라과이	10	7	3	12	△ 2

	베네수엘라	12	12	—	12	—
	칠레	625	411	214	629	△ 4
	볼리비야	599	421	178	628	△ 29
	콜롬비아	141	95	46	132	9
	계	160,387	95,039	65,348	146,678	13,709
태평양	호주, 뉴질랜드 대양 여러 섬	3,548	3,055	493	3,563	△ 15
	유럽, 유럽 여러 섬	3,778	2,811	967	3,696	82
아프리카	이집트	56	36	20	51	5
	남아시아 연방	26	17	9	24	2
	영국령 동아프리카	63	42	21	22	41
	프랑스령 알제리	7	6	1	7	—
	계	152	101	51	104	48
합계	672,266	672,266	385,315	286,951	635,265	37,001

남양 각지 재류 일본인 내지인 수
(1932년 10월 1일 현재)

국명	총 수	남	녀	1931년	증 △감
남양 위임통치 지역	28,009	17,175	10,814	22,663	5,348
남 중국	1,083	530	553	……	……
홍콩, 마카오	1,472	824	648	1,801 △	329
시암	290	191	99	309 △	19
프랑스령 인도차이나	265	127	138	307 △	42
영국령 말레이	5,864	3,449	2,415	6,454 △	590
영국령 북 보르네오 사라와크 왕국	582	402	180	553	29
프랑스령 동인도	6,874	4,561	2,313	6,775	99
필리핀 군도 및 괌섬	20,316	14,740	5,576	19,695	21

동상 조선인 및 대만인 수

(1932년 10월 1일 현재)

국명	조선인			대만인		
	총 수	남	녀	총 수	남	녀
남양 위임통치 지역	281	213	68	—	—	—
중화민국	3,282	1,831	1,451	10,508	6,272	4,236
홍콩, 마카오	33	21	12	43	30	13
시암	6	5	1	69	50	19
프랑스령 인도차이나	44	40	4	14	11	3
영국령 말레이	25	23	2	105	72	33
영국령 북 보르네오	1	1	—	63	54	9
프랑스령 동인도	19	13	6	655	419	226
필리핀 군도 및 괌섬	62	39	23	25	19	6

직업별 남양 재류 일본인 내지인 수

(1932년 10월 1일 현재)

직업 별 \ 나라 별	남양 위임통치 지역	홍콩, 마카오	시암	프랑스령 인도 차이나	영국령 말레이	영국령 북 보르네오 및 사라와크 왕국	네덜란드령 동인도	필리필 군도 및 괌섬
농업	8,413	—	2	13	171	91	137	6,045
수산업	1,370	—	2	16	900	110	599	1,113
광업	12	—	2	—	69	—	—	3
공업	2,310	81	14	9	351	16	335	1,263
상업	1,852	541	73	62	1,169	81	2,415	3,081
교통업	431	5	1	2	159	—	35	121
공무 자유업	759	91	51	14	280	15	206	221
가사 사용인	215	20	10	20	275	—	167	99
그 외 유업자	1,410	—	3	3	10	269	22	153
무업	11,237	734	132	127	2,480	—	2,958	8,217

남양 재류 일본인 내지인 수 연차표

연차 \ 나라별	남양 위임통치 지역	홍콩, 마카오	시암	프랑스령 인도 차이나	영국령 말레이 및 북 보르네오	네덜란드령 동인도	필리핀 군도 및 괌섬
1904년	—	2,172	109	—	1,625	—	2.652
1909년	—	856	184	—	2,611	780	2,156
1914년	—	1,555	218	161	5,166	2,949	5,298
1919년	1,791	1,777	282	—	8,297	4,144	9,798
1924년	4,957	1,649	240	317	5,424	3,799	8,390
1925년	7,331	1,561	239	287	6,950	4,195	8,995
1926년	7,718	1,486	245	300	7,618	4,533	10,124
1927년	8,719	1,528	247	310	8,189	4,514	11,288
1928년	12,281	1,577	284	332	8,479	4,874	14,241
1929년	16,021	16,021	259	302	8,728	5,581	15,772
1930년	19,835	2.219	336	346	7,425	6,315	19,572
1931년	22,663	1,801	309	307	7,007	6,775	19,695
1932년	28,009	1,472	290	265	6,446	6,874	20,316

1930년 남양 재류 일본인 국세(國勢) 조사 직업별 인구표

직업별	영국령 홍콩	시암	프랑스령 인도 차이나	영국령 말레이	영국령 북 보르네오	네덜란드령 동인도	필리핀 군도 및 괌섬
농경	251	3	19	370	96	240	7,228
축산	—	—	—	3	—	5	10
잠업	—	—	—	—	—	1	1
임업	—	—	—	17	—	441	32
어업	9	—	—	913	4	—	983
채탄	—	—	—	1	—	1	2
채광	2	—	—	83	—	—	—
석유 광업	—	—	—	—	—	39	—
토석 채취	—	—	1	—	—	—	—

요업 토석 가공	1	1	—	—	—	7	21
금속공업 기계기구 제조운반 용구제조	8	4	2	50	1	51	103
정교공업	6	—	1	5	—	11	12
화학제품 제조	1	1	—	9	—	59	3
방직공업	9	3	—	82	2	34	8
피복신장품 제조	16	1	—	89	1	35	57
종이 공업 인쇄	14	20	7	192	4	198	117
가죽, 뼈, 깃털 제품류 제조	2	—	—	8	—	3	—
목죽, 풀, 덩굴 류 제품	5	—	2	30	1	53	218
제염	—	—	—	—	—	—	—
음식료품 기호 제조	7	3	6	22	2	98	182
토목 건설	14	—	1	133	7	120	1,079
가스 전기 수도업	2	—	—	—	—	3	9
그 외 공업 직업	9	5	2	35	—	18	50
상업 직업	304	55	88	659	27	1,693	1,539
금융 보험	3	1	1	3	—	13	4
접객업	203	24	30	439	10	355	285
운유업	180	49	41	153	12	115	198
통신	8	3	1	—	—	2	1
관공사	11	7	7	11	—	16	16
육해 군인	—	1	1	—	—	—	1
법무	—	—	—	—	—	1	—
교육	12	4	1	27	3	2	19
종교	5	1	—	15	—	1	8
의료	41	34	3	311	14	56	64
서기 직업	113	16	8	314	135	305	381

기자, 저술가, 예술가, 유예가	26	—	—	16	—	12	7
그 외 자유업	—	—	—	6	—	19	6
가사 사용인	23	7	15	207	23	152	39
그 외 유업자	10	—	2	16	39	4	76
수입에 따른 자	4	—	—	32	—	5	9
무업자	997	173	166	2,917	279	2,858	6,863

일본 우편선 회사 남양 항로 운임

일본 여러 항구 사이판 간 운임(각 선 적용)

○ 식사　　　　일등 조식, 석식은 일본식(和食), 점심은 양식

　　　　　　　(단 사이판선은 3식 모두 일본식)

　　　　　　　2등 및 3등 일본식 포함

　　　　　　　갑판객　식사 제공 없음

○ 소아 운임　　4살 미만 한 명 무임, 그 외에는 4분의 1의 금액, 12살 미만 반액

○ 갑판객 운임은 남양 각 도민에 한정하여 적용 함

○ 복항 오사카, 고베행 운임은 요코하마행 운임과 아래에 적은 요코하마와 오사

　　카, 고베 간 운임과의 합산액으로 함

○ 요코하마마루, 특별 3등은 3등 운임의 10% 더함으로 함

○ 복항 다바오발 요코하마, 고베, 오사카행 운임은 필리핀 화폐로 한다

「요코하마(橫濱)」「오사카(大阪)・고베(神戶)」

요코하마-필리핀

1등	20엔	00	오사카
2등	13	00	
3등	4	50	고베

오사카
고 베

등급	오사카·고베	모 지(門司)	요코하마	하씨조지마(八丈島)	후타미(二見)	사이판	티니언	로타	목적지
1등	19엔 00								모 지(門司)
2등	12 00								
3등	5 00								
1등	39 00	29엔 00							요코하마
2등	24 00	18 00							
3등	9 00	7 00							
1등	53 00	43 00	14엔 00						하씨조지마(八丈島)
2등	34 00	28 00	10 00						
3등	16 50	14 50	7 00						
1등	84 00	66 00	47 00	33엔 00					후타미(二見)
2등	55 00	45 00	33 00	23 00					
3등	26 00	23 00	18 00	10 50					
1등	133 00	115 00	96 00	82 00	49엔 00				사이판
2등	89 00	79 00	67 00	57 00	34 00				
3등	38 00	35 00	30 00	29 00	19 00				
1등	134 50	116 50	97 50	83 50	50 50	1엔 50			티니언
2등	90 00	80 00	68 00	58 00	35 00	1 00			
3등	39 00	36 00	31 00	30 00	19 50	50			
갑판						25			
1등	137 50	119 50	100 50	86 50	53 50	4 50	33엔 00		로타
2등	92 00	82 00	70 00	60 00	37 00	3 00	2 00		
3등	39 50	36 50	31 50	31 00	20 50	1 50	1 00		
갑판						75	50		

남양 항로 서회선(西廻線) 운임

	오사카 고베	모지	요코 하마	후타미	사이판 티니언	야프	팔라우	앙가우르	다바오/마나도	도착지
1등	165엔	145엔	126엔	79엔	30엔					야프
2등	113	100	88	55	21					
3등	49	45	41	30	11					
갑판					4					
1등	180	161	142	95	46	16엔				팔라우
2등	122	111	99	66	32	11				
3등	55	52	47	36	17	6				
갑판					6	2				
1등	183	165	146	99	50	20	4엔			앙가우르
2등	123	113	101	68	34	14	3			
3등	57	53	46	38	19	8	2			
갑판					7	3	1			
1등	208	190	171	124	75	50	38	35엔		다바오
2등	136	126	114	81	47	30	22	20		
3등	62	59	54	43	24	15	11	10		마나도
갑판					12	8	6	5		

마나도, 다바오 상호간 운임
(고론탈로 요항 세잘의 경우)

1 등	35엔
2 등	20
3 등	10
갑 판	5

○ 요코하마마루(橫濱丸), 야마시로마루(山城丸), 오미마루(近江丸)에는 2등실 설
비 없이 1등 B급을 설비해 운임은 보통 1등 정액의 대할 5푼 감액하여 1등
B급 정액 운임으로 한다.

○ 「마나도」 혹은 「다바오」와 각 지역 간 운임은 「마나도」 혹은 「다바오」를 우회
하는 경우에도 동액으로 한다.

○ 「고론탈로」행 운임은 각 지역의 「마나도」 간의 운임과 「마나도」「고론탈로」
간 운임의 합산액으로 한다.

○ 「고론탈로」 요항의 경우 「다바오」 행 운임은 각 지역의 「마나도」 간 운임과
「고론탈로」 경유 「마나도」「다바오」 간 운임의 합산액으로 한다.

고론탈로 경유 「마나도」「다바오」 간 운임

	마나도		
1 등	16엔		
2 등	11		
3 등	6	고론탈로	
갑 판	2		
1 등	46	30엔	
2 등	32	21	
3 등	17	11	다바오
갑 판	6	4	

남양 항로 동회선(東廻線) 운임

		오사카 고베	모지	요코 하마	후타미	사이판	트루크	포나페	코스라에
트루크	1등	173엔	154엔	135엔	88엔	9엔			
	2등	117	104	92	59	25			
	3등	52	49	44	33	14			
	갑판					5			
포나페	1등	197	178	159	112	63	24엔		
	2등	133	120	108	75	41	16		
	3등	61	58	53	42	23	9		
	갑판					8	3		
코스라에	1등	217	198	179	132	83	44	20엔	
	2등	147	134	122	89	55	30	14	
	3등	69	66	61	50	31	17	8	
	갑판					11	6	3	
잴루잇	1등	244	225	206	159	110	71	47	27엔
	2등	165	152	140	107	73	48	32	18
	3등	79	76	71	60	41	27	18	10
	갑판					15	10	7	4

남양 항로 동서 연락선 운임

「앙가우르」는 임시 기항

	오사카 고베	모지	요코하마	팔라우	앙가우르	트루크	포나페	코스라에	잴루잇	
1등	144엔	124엔	105엔							
2등	97	84	72							
3등	49	42	37							팔라우
갑판										
1등	148	128	109	4엔						
2등	100	87	75	3						
3등	48	44	39	2						앙가우르
갑판				1						
1등	201	181	162	57	57엔					
2등	133	120	108	36	36					
3등	64	60	55	22	22					트루크
갑판				9	9					
1등	225	205	186	81	81	24엔				
2등	149	136	124	52	52	16				
3등	73	69	64	31	31	9				포나페
갑판				12	12	3				
1등	245	225	201	101	101	44	20엔			
2등	163	150	138	66	66	30	14			
3등	81	77	72	39	39	17	8			코스라에
갑판				15	15	6	3			
1등	272	252	228	128	128	71	47	27엔		
2등	181	168	156	84	84	48	32	18		
3등	91	87	82	39	49	27	18	10		잴루잇
갑판				19	19	10	7	4		

「손소롤」「토비」 임시 기항 운임

팔라우

등급	팔라우		앙가우르		손소롤		토비		
1등	4엔	00							앙가우르
2등	3	00							
3등	2	00							
갑판	1	00							
1등	13	00	9엔	00					손소롤
2등	9	00	6	00					
3등	6	00	4	00					
갑판	3	00	2	00					
1등	22	00	18	00	9엔	00			토비
2등	15	00	12	00	6	00			
3등	10	00	8	00	4	00			
갑판	5	00	4	00	2	00			
1등	47	00	43	00	34	00	25엔	00	마나도 다바오
2등	32	00	29	00	23	00	17	00	
3등	18	00	16	00	12	00	8	00	
갑판	9	00	8	00	6	00	4	00	

○ 「손소롤」 및 「토비」에서 「팔라우」를 경유하여 각 항에 이르는 상호 간 운임은 위의 운임율에 「팔라우」부터 각 항에 이르는 운임의 합산액으로 한다.

○ 「손소롤」 또는 「토비」에 임시 기항하는 경우 「팔라우」 이북의 각 항과 「마나도」 그리고 「다바오」 상호를 통하는 운임은 서회(西廻) 운임을 적용한다.

서회선 이(浬)정표

(왕복)

고베

240	모지									
780	540	요코하마								
1316	1076	536	후타미							
2061	1821	1281	745	사이판						
2079	1839	1299	763	18	티니언					
2627	2387	1847	1311	566	548	야프				
2897	2657	2117	1581	836	818	270	팔라우			
2937	2697	2157	1621	876	858	310	40	앙가우르		
2507	3267	2727	2191	1446	1428	880	610	570	다바오	
3852	3612	3072	2536	1791	1773	1225	955	915	345	마나도

(왕복)

요코하마

357	오사카	
370	13	고베

동회선 이정표

(왕복)

고베

240	모지						
780	540	요코하마					
2043	1803	1263	사이판				
2653	2413	1873	610	트루크			
3048	2808	2268	1005	395	포나페		
3369	3129	2589	1326	716	321	코스라에	
3789	3549	3009	1746	1136	741	420	잴루잇

(왕복)

요코하마

357	오사카	
370	13	고베

동서 연락선 이정표

(왕복)

고베							
240	모지						
780	540	요코하마					
2516	2276	1736	팔라우				
2666	3426	2886	150	트루크			
4061	3821	3281	1545	395	포나페		
4382	4141	3602	1866	716	321	코스라에	
4802	4562	4022	2286	1136	241	420	잴루잇

(왕복)

요코하마		
357	오사카	
370	13	고베

오사카상선회사(大阪商船會社) 남양 항로 운임

일본-필리핀선 운임

▲ 왕복표

일본-필리핀 간 왕복 선객에게는 각 등급 모두 복항 운임을 20% 할인하여 통용
기간 6개월 왕복표를 발행한다.

▲ 복항-모지, 고베 상륙액은 지룽에서 동사의 내대연락선으로 무임 전승할 수
있다.

왕항(往航) 운임

	마닐라	엘로엘로	세부	삼보앙가	다바오	등급
요코하마	148엔	168엔	173엔	178엔	185엔	1등
	37엔	47엔	52엔	55엔	57엔	3등
고베	135엔	155엔	160엔	165엔	172엔	1등
	35엔	45엔	50엔	53엔	5엔	3등
모지	125엔	145엔	150엔	155엔	165엔	1등
	34엔	44엔	49엔	52엔	54엔	3등
나가사키	120엔	140엔	145엔	150엔	160엔	1등
	34엔	44엔	49엔	52엔	54엔	3등
지룽(基隆)	81엔	120엔	125엔	130엔	140엔	1등
	27엔	37엔	42엔	45엔	47엔	3등
가오슝(高雄)	69엔	108엔	113엔	128엔	128엔	1등
	23엔	33엔	38엔	43엔	43엔	3등

복항(復航) 운임

	가오슝	지룽	모지	고베	요코하마	등급
다바오	128페소	140페소	160페소	165페소	172페소	1등
	43페소	47페소	54페소	55페소	57페소	3등
삼보앙가	118페소	130페소	150페소	155페소	162페소	1등
	41페소	45페소	52페소	53페소	55페소	3등
세부	113페소	125페소	145페소	150페소	157페소	1등
	38페소	42페소	49페소	50페소	52페소	3등
엘로엘로	108페소	120페소	140페소	145페소	153페소	1등
	33페소	37페소	44페소	45페소	47페소	3등
마닐라	69페소	81페소	102페소	107페소	114페소	1등
	23페소	27페소	34페소	35페소	37페소	3등

필리핀-나하(那覇) 직통 운임

	다바오	삼보앙가	세부	엘로엘로 레가스피	마닐라	등급
나하	151페소	141페소	136페소	131페소	92페소	1등 A
	149페소	139페소	134페소	129페소	90페소	1등 B
	51페소	49페소	46페소	41페소	31페소	3등

1. 본 운임은 지룽에서 동사의 지룽-나하선으로 환승하는 것이다.
2. 1등 A는 지룽-나하선의 특별 1등급이고, 1등 B는 동일한 1등급으로 환승하는 것이다.
3. 지룽에서 환승을 요하는 비용 일체는 선객의 부담으로 한다.

일본 본토 각 항간 운임(엔)

요코하마												
1200	270	나고야	욧카이치시									
2000	450	1000	200	오사카	고베							
3700	800	2700	600	1900	500	모지						
5000	1000	4000	800	3300	700	1500	300	나가사키				
8000	2400			6700	2000	5500	1800	5000	1800	지룽		
9000	2900			7700	2500	6700	2300	6200	2300	2400	800	가오슝
1등	3등	1등	3등	1등	3등	1등	3등	1등	3등	1등	3등	등급

필리핀 각 항간 운임(페소)

마닐라										
2855	1140	레가스피								
3130	1250	3130	1250	엘로엘로						
3605	1440	3605	1440	1810	725	세부				
4775	1910	4775	1910	2620	1045	2610	1045	삼보앙가		
7645	3060	7645	3060	5160	2065	5160	2065	2870	1250	다바오
1등	3등	1등	3등	1등	3등	1등	3등	1등	3등	등급

일본-자와선 운임

왕항(往航) 운임(엔)

고베										
19	5	모지								
65	20	55	18	지룽						
146	40	136	38	81	27	마닐라				
164	53	154	51	99	33	45	15	타와우		
170	70	160	68	150	55	140	45	114	38	수라바야
1등	3등	1등	3등	1등	3등	1등	3등	1등	3등	등급

복항(復航) 운임(엔)

수라바야										
45	15	마카사르								
78	26	33	11	타와우						
120	45	90	30	78	26	홍콩				
150	53	114	38	99	33	45	15	가오슝		
150	53	114	38	99	33	54	18	24	8	지룽
175	71	169	56	154	51	109	36			모지
185	73	179	58	164	53	119	38			고베
1등	3등	1등	3등	1등	3등	1등	3등	1등	3등	등급

▲ 운임은 두 곳 다 엔이 단위이다.

▲ 화물선(X) 표시는 위의 운임에서 20% 할인.

▲ 복항-고베, 모지 상륙객은 지룽에서 동사의 내대연락선으로 무임 전승할 수 있다.

▲ 왕복표-고베, 모지, 지룽, 혹은 수라바야를 발항지로서 일본-자와 상호 간 왕복표 발매.

고베-수라바야-고베, 혹은 수라바야-고베-수라바야 1등 315엔 3등 115엔

모지-수라바야-모지, 혹은 수라바야-모지-수라바야 1등 300엔 3등 110엔

지룽-수라바야-지룽, 혹은 수라바야-지룽-수라바야 1등 215엔 3등 80엔

일본 – 사이공 – 방콕선 운임

왕항(往航) 운임

고베												
19엔	5엔	모지										
65엔	20엔	55엔	18엔	지룽								
90엔	30엔	85엔	28엔	36엔	12엔	산터우						
140엔	47엔	135엔	45엔	100엔	33엔	60달러	20달러	하이퐁				
145엔	49엔	140엔	47엔	115엔	38엔	90달러	30달러	60피	20피	사이공		
180엔	60엔	175엔	58엔	150엔	50엔	115달러	38달러	105피	35피	60피	20피	방콕
1등	3등	1등	3등	1등	3등	1등	3등	1등	3등	1등	3등	등급

(피는 피아스터)

방콕												
115달러	38달러	홍콩										
150달러	50달러	48달러	18달러	지룽								
165달러	55달러	75달러	25달러	30엔	10엔	나하						
165달러	55달러	75달러	25달러	45엔	15엔	25엔	8엔	가고시마				
175달러	58달러	80달러	27달러	55엔	18엔	36엔	12엔	15엔	5엔	모지		
180달러	60달러	90달러	30달러	65엔	20엔	45엔	15엔	30엔	10엔	19엔	5엔	고베
1등	3등	1등	3등	1등	3등	1등	3등	1등	3등	1등	3등	등급

복항-모지, 고베 상륙객은 지룽에서 동사의 내대연락선으로 무임 전승할 수 있다.

자와-싱가포르 정기선 운임(이시하라 기선(石原汽船))

○ 선실등급   나고야마루(名古屋丸), 조호루마루(淨寶縷丸)는 1등 A 와 2등 설비.
마루타마루(まる た 丸), 에리이마루(えりい丸), 쿠라이도마루(くら
いど丸), 보스톤마루(ぼすとん丸)는 1등 B 설비.

○ 싱가포르에서 바투파핫 회유는 편도 당 아래의 운임이 필요하다.

등급	고베	마카사르	수라바야	스마랑	바타비아	싱가포르	구간
1등 A	140엔						마카사르
2등	65						
1등 B	93						
1등 A	150	56엔					수라바야
2등	70	26					
1등 B	100	37					
1등 A	165	80	24엔				스마랑
2등	77	37	11				
1등 B	110	53	16				
1등 A	190	118	68	44엔			바타비아
2등	89	55	32	20			
1등 B	217	79	45	29			
1등 A	252	180	130	1006	62엔		싱가포르 (자와 경유)
2등	118	84	61	50	29		
1등 B	168	120	87	71	41		
1등 A	395	320	280	256	212	150엔	고베 (자와, 싱가포르 경유)
2등	185	153	131	120	99	70	
1등 B	264	218	187	171	141	100	

비고 : 자바 육행 고베-싱가포르(또는 반대 항로)

1등 A	212엔
2등	99엔
1등 B	140여 엔

남양 여행자의 마음가짐

◇ 여행면장(免狀)

남양을 여행하려면 반드시 여행면장이 필요하다. 여권 하부(下附)의 수속은 일정한 양식에 따라 여권 하부원(下附願)에 호적 등본 및 명함형 사진 2장을 붙여 관할부 현청에 출원하면 외무성에서 그 부현청을 거쳐 면장을 부하해 준다.(수수료 20엔) 자세한 것은 시(市), 정(町), 촌(村) 사무소에 물으면 알 것이다. 그리하여 여권이 하부 되면 승선할 때는 승선지에서 목적국 영사의 사증이 필요하게 되는데 네덜란드령 동인도 지방만 여행하는 사람은 그 수속을 생략하고 있다.

◇ 입국세

네덜란드령 동인도행의 선객은 모두 규범에 따라 상륙 전에 상륙항의 이민관이 내선하여 선내에서 1명(처자식 동반자는 그 처자식도 포함)당 네덜란드 화폐 150길더(현재 환율 시장에서 일본 돈 약 300엔)의 입국세를 지불하고, 상륙 허가증 교부를 받아야 비로소 상륙할 수 있다. 이 입국세는 선박회사에서 티켓 발매 때 반드시 지불하도록 되어 있는데, 그것은 6개월 이내에 동령 내를 퇴거할 때는 네덜란드령 마지막 항구에서 반환받을 수 있게 되어 있다. 선박회사에서는 현재의 환율 환산율로 일본 화폐 300엔을 맡기는데 상륙 전, 그때 환율 시장에서 환산하여 차액이 나면 배 안에서 돌려주게 되어 있다. 영국령 해협식민지로의 도항자는 입국세 은 5불(일본 돈 약 9엔)과 명함형 사진 2장을 준비하는 것을 잊으면 안 된다.

◇ 자와 상륙지

네덜란드령 동인도의 선객 입국 수속항으로 술라웨시섬 행은 마카사르, 자와행은 상륙지를 수라바야, 스마랑, 바타비야 세 항구에 한정되어 있기 때문에 미리 상륙지를 선정해야 한다. 그리고 앞서 기술한 상륙 허가증을 휴대하고 하선하여 상륙 후 3일 이내에 관할 이사청에 출원하여 허가증과 교환에 다시 입국 허가증의 하부를 받는다. 그때 반신(半身), 탈모(脫帽)한 명함형 사진이 2장 필요하므로 잊지 말고 준비하여야 한다.

◇ 세금

여행 준비품의 통관은 간단하다. 그러나 단총, 흉기, 아편 등은 단속 법령에 따라 상당히 까다롭고, 최근에는 서적에 대한 검열이 있어 위험 사상이 인정되는 자는 몰수당하는 사고를 당할 위험이 있다.

◇ 언어

남양 지방은 보통 말레이어가 통용되는데 말레이어가 되면 어디를 가도 어떤 불편함도 느끼지 않는다. 그러나 영어가 되면 중류 이상의 존경을 받아 관법의 교섭이나 큰 상거래에는 편리하다. 네덜란드어가 되면 더욱 편리하다. 말레이어는 아주 간단하여 일상의 용달 정도라면 극히 짧은 시간 사이에 익힐 수 있기 때문에 그 준비를 해 놓으면 만사가 편하다.

◇ 통화

네덜란드 동인도에서는 말할 필요도 없이 일본 화폐는 통용되지 않아 출발 전 대만은행이나 쇼킹(正金)은행에서 신용장을 꾸려 각지에서 필요한 만큼 네덜란드 화폐(길더)로 수령하는 편이 안전하고 편리하다.
환율 시장은 때때로 변동을 피할 수가 없다.

◇ 여행 준비물과 휴대품
네덜란드 동인도 일대는 일본의 여름과 같기 때문에 여행 옷차림은
가능한 청초하고 가벼운 것이 좋다. 의류는 의식(儀式) 이외에는 대체
로 '흰 신사복'을 상용복으로 끝낼 수 있다. 그리고 고가의 얇은 마
옷감보다는 오히려 옷감이 두꺼운 린넨 소재가 토지에 적당하다. 이
것을 절반 정도로 그 외에는 '드레스' 한 벌, 이것은 의례용인데 모닝
코트로 대용해도 좋다. 남양에는 소나기가 내려 레인코트를 잊어서
는 안 된다. 하의은 보통 여름 셔츠 절반 정도 있으면 좋은데, 산지로
가면 냉기에 노출되지 않기 위해 얇은 플란넬 셔츠 및 복대를 준비하
는 것이 필요하다. 또 자와 여관에는 담요가 준비되어 있지 않기 때문
에 담요도 1장 휴대하는 것이 편리하다. 모자는 헬멧 또는 흰색, 갈
색, 회색 등 중절모자도 자주 쓴다. 그 외 양말 12켤레, 손수건 24장
정도 준비해 간다. 구두는 흰색, 검정색, 빨간색 무슨 색이던지 좋다.

◇ 약품 휴대
말라리아 예방으로 키니네(キニーネ) 알약, 위장약과 지사제는 휴대하
는 것이 좋다. 선내에서는 잠옷으로 홑옷이 필요하다. 사진기는 과세
되고 게다가 자와항은 대체로 군항이나 요새 지대이기 때문에 허가를
받지 않으면 사진을 찍을 수 없다.

◇ 수하물
수하물은 아래의 수량에 한해 무료인데 중량이나 용적을 재는 방법은

배에서 정한다. 수하물로 취급되는 것은 의류, 침구, 준비물 등 여행 중 휴대를 필요로 하는 것에 한하는 상품과 너무 크고 무거운 물품은 거부된다.

1등 24관(貫) 또는 40재(才) (1재는 2입방척)
2등 12관(貫) 또는 29재(才) (같음)

또한 모든 수하물은 완전히 포장을 하고, 확실한 안전을 위해 명찰을 붙여 맡기는 것이 좋다.

◇ 이상 대략 영국령 해협식민지 및 네덜란드령 동인도의 이야기였는데, 지방에 가려면 여권의 불하를 받고 내지 출발항의 시암 영사관에서 비자를 신청할 필요가 있다.

◇ 프랑스령 인도차이나 지방에 가는 것도 마찬가지로 여권에 동일하게 출발항 소재의 프랑스 영사관에 가서 비자를 받고 출발하여야 한다.

◇ 필리핀에 가려면 여권을 받음과 동시에 지인의 소개장(영문)을 붙여 출발항 소재의 미국 영사관에서 비자를 신청해야 한다. 미국령 여행자는 일단 수속이 6개월이나 걸리는데, 이는 해당인의 보증인이라는 것을 인정하는 의미로 소개장 첨부의 필요가 있기 때문으로 소개장을 내는 사람은 신원 보증인이 되는 것이다.

◇ 우리 위임통치령을 여행하려는 자는 모두 내지 동일하게 여행권이 필요하지 않다.

◇ 이상의 비자를 신청할 때는 각각 나라에 따라 다르지만 어디나 수 엔의 수수료가 징수된다.

◇ 외국 여행지에서는 자주 필요할 때가 있으니 모자를 쓰지 않은 증 명사진을 10장 정도 지참하는 것이 중요하다. 또 호적 등본도 때에 따라 신분 증명이 될 때가 있기 때문에 지참하여야 한다.

『남양대관(南洋大觀)』은 저널리스트 출신의 정치가 야마다 기이치(山田毅一)가 1934년 세상에 내놓은 저서이다. 본서는 그 제목에서 알수 있듯이, 일본 제국의 대외 팽창주의의 전개 속에서 과거 '남양(南洋)'이라고 명명되었던 지역을 대관하고 있다.

'남양'은 제2차 세계 대전 이후로는 쓰이지 않고 있는 용어이기 때문에, 현재 일반 독자들이 그 지정학적 범위를 떠올리기는 쉽지 않다. '남양'은 일본의 메이지(明治) 시대 때 부상하기 시작한 '남진론(南進論)'을 바탕으로 하고 있는데, 그 범위에 대해서는 시대와 논자에 따라 상이하다. 일반적으로 '남양'은 1919년 베르사유 조약으로 일본이 위임통치하게 된 독일령 태평양 서부의 미크로네시아 지역(현재 북마리아나 제도, 팔라우, 마셜 제도, 미크로네시아 연방)을 가리키며, 이때부터 막연히 태평양 남쪽의 섬을 지칭하는 '남양제도(南洋諸島)'와 일본의 위임통치 지역을 가리키는 '남양군도(南洋群島)'가 구별되어 쓰이게 되었다. 한편 본서에서의 '남양'의 범위는 '남양군도'였던 위임통치군도(구 독일령 마리아나, 캐롤라인, 마셜), 필리핀 군도, 네덜란드령 동인도, 인도네시아 자와섬, 수마트라섬, 보루네오섬, 술라웨시섬, 뉴기니아섬, 영국령 남양, 영국령 말레이, 시암, 프랑스령 인도차이나를 포함하여 남지(南支) 일대(현재 중국 남부 지역의 윈난성, 하이난섬, 홍콩, 광둥성), 대만까지도 포괄하고 있음을 밝혀둔다.

이렇게 저자 야마다 기이치의 '남양'에 대한 자의적인 지정학적 구획 아래 탄생한『남양대관』은 '서문(序)', '저자 소언(小言)', '총설(總說)', '결론', '부록'으로 구성되어 있는데, 그 내용과 특징을 간략히 정리해 소개하면 다음과 같다.

첫째, 본서는 각 섬과 지역을 13곳으로 세분화하여 각 곳의 지리, 면적, 인구, 기후, 주민, 풍속, 언어, 주요 도시, 산업, 교통, 무역, 국방 등에 대해 자세히 서술하고 있다. 이처럼 '남양'이라는 광범위한 지역을 대상으로 하면서도 특정 분야에 한정하지 않고 총체적인 서술을 하고 있다는 것이 본서의 가장 큰 특색이라고 할 수 있다. 이에 대해서는 저자 스스로도『남양행각지(南洋行脚誌)』(1910),『남진책과 오가사와라 군도(南進策と小笠原諸島)』(1916)에 이어 발간한『남양대관』이야말로 "남양발전에 관해 가장 종합 대관의 일서를 이룬 것"이라 자신하고 있었다. 또한 '서문'을 집필한 헌정회· 입헌 민정당 소속 정치인 나가이 류타로(永井柳太郎, 1932년부터 1936년까지 대만 총독을 지낸 나카가와 겐조(中川健藏), 1933년부터 1939년까지 남양청(南洋廳) 장관이었던 하야시 도시오(林壽夫) 역시 본서의 강점으로 '남양'을 종합, 대관하여 하나의 관념으로 파악할 수 있는 점을 공통적으로 강조하였다. 이처럼『남양대관』이 당시 '남양'에 대한 총합서로 평가받을 수 있었던 데에는 저자의 '남양' 체험이 컸다. 야마다 기이치는 1908년부터 1933년까지 총 5회에 걸쳐 '남양' 각지를 시찰, 순유한 만큼 '남양'에 대한 그의 폭넓은 견문과 지식은 가히 놀라울

따름이다. 이러한 저자의 실체험은 당시 기존의 '남양'에 대한 관념
적, 지엽적인 서술에서 탈피하여 일종의 문화지(文化誌)로서의 속성
을 갖춘『남양대관』이 발간되게 되는 배경이 되었다.

　둘째, 본서는 당시 일본의 남양 진출을 국방상, 경제상의 관점에
중점을 두고, 궁극적으로 동아시아 번영과 평화의 상생을 기반으로
한 남방 공동체 형성을 목표로 하고 있다. 물론 제1차 세계 대전 이후
남양제도에 대한 위임통치를 시작으로 '남진론'이 무력(武力)으로 전
개되었던 것은 사실이다. 또한 본서에서도 '도진(土人)', '지나(支那)'
등과 같이 이민족(異民族)에 대한 차별어가 등장하고 있는 점에서 당
시 일본의 동남아시아에 대한 야심적인 시각을 완전히 배제할 수는
없다. 더욱이 결론 부분에서는 일본 해군력의 보강을 들어 '남양군도'
에 대한 서구 열강들의 세력을 경계하고자 하는 취지를 밝히고 있다.
그러나 동시에 야마다 기이치는 "우리가 남양에 바라는 바는 철저히
평화적, 경제적 발전으로 조금도 영토적 야심 따위는 갖고 있지 않다"
라는 본인의 남양관을 본서의 곳곳에서 강조하고 있다. 그리고 그러
한 점은 '남양' 지역에 대한 일본인의 무지와 선입관 극복, 원주민에
대한 차별적 대우 지양, 각지 토산물의 우수성 등에 대해 논하고 있는
부분에서 드러나고 있다. 이처럼 저자의 남양관과 제국의 남진론이
혼재하고 있는『남양대관』을 하나의 성격으로 규정짓기는 어려운 것
이 사실이다. 그러나 저자의 남양관이 일본인 이주와 개척, 식민을
통해 일본 세력을 확장해야 한다는 남진의 전략보다는, '남양'에 대한
찬미와 인문 개발에 방점을 두고 있었다는 점은 분명하다. 따라서
본서는 일본의 대(對) 남양 정책의 역사와 의도성의 파악이라는 측면

보다는, 과거 '남양'이라고 불리었던 지역에 대한 이해라는 측면에서 읽히는 것이 적합할 것이다.

셋째, 본서는 '남양'에 대한 관습적인 기술에 그치지 않고 사진과 같이 풍부한 시각적 자료와 정확한 수치를 기반으로 한 표, 여행 정보 등의 자료를 갖추고 있다. 『남양대관』이 발간된 1930년대는 이미 '남양' 현지 조사, 시찰에 의한 『남국기(南國記)』(1910), 『남양 제도 순행기 : 부록 남양 사정(南洋諸島巡行記 : 附·南洋事情)』(1913), 『남양붕항기(南洋鵬航記)』(1920), 『부원의 남양 : 답사 23년(富源の南洋 : 踏査卄三年)』(1930)과 같이 동일한 성격의 서적들이 발간되고 있었다. 이러한 가운데 『남양대관』은 그 어떤 서적들보다 다량의 시각적 자료들을 포함하고 있다는 점에서 그 차별성을 찾을 수 있다. 특히 이국적인 '남양'의 풍경과 문화를 보여주는 사진들은 당시 독자들에게는 생경한 타지의 문화에 대한 이해를 도왔을 것이라 사료된다. 또한 외무성, 남양청 등의 기관에서 수집한 데이터에 의한 각 섬의 인구수, 재류 일본인의 수, 각종 산물의 재배량, 어획량, 각종 교통수단의 운임 등의 통계표, 그리고 '남양'을 여행할 때 주의해야 할 점을 명시한 '남양 여행자의 마음가짐'과 같은 부록은 본서의 객관성과 실용성을 담보해 주고 있다.

앞서 언급하였듯이, 일본 제국주의 시대 동남아시아에 대한 지정학적 상상력에서 기원한 '남양'은 현재 해체된 개념이다. 그러나 근래 한국, 중국, 일본의 동남아시아에 대한 새로운 인식과 정책의 부상과 함께 다시금 이들 지역에 대한 중요성과 이해의 필요성이 부상하고 있다. '남양'은 일본을 비롯하여 서구 여러 나라의 쟁탈이 이루어진 복잡한 역사를 가지고 있는 지역이다. 그러나 야마다 기이치의 『남양 대관』은 어두운 역사를 덜어내고, '남양'의 각 섬과 지역의 독립성과 그 특색을 도출하려는 저자의 노력이 부단히 반영된 서적이다. 따라서 역자도 과거 '남양'으로 묶여 사유되었던 각 섬과 지역을 현재와 비교해 보며 공부하고, 또 사진을 참고하며 탐방하는 기분으로 번역에 임하였다. 타국으로의 자유로운 왕래의 제약이 생긴 목하, 본 번역서가 독자들로 하여금 잠시나마 타임머신을 타고 여행하는 기분으로 읽힐 때 역자로서 더 없는 번역의 보람을 느낄 수 있을 것이다.

평소 '남양'에 대한 관심을 가지고 있었으나, 이를 표출한 방법이 없었던 역자들에게 '일본 동남아시아 학술총서'라는 번역 테마로 귀중한 역서를 낼 수 있도록 기회를 마련해주고 도움을 주신 모든 분들께 소소한 감사의 인사를 전하고 싶다. 특히 본 역서의 편집을 도맡아 주신 보고사 이소희 선생님께도 감사한 마음을 전한다.

2021년 4월

역자 이가현, 김보현

저자 **야마다 기이치**山田毅一, 1887~1953

1887년 1월 21일 도야마현 출생. 와세다대학, 도쿄 외국어학교에서 수학 후 『도쿄일일신문(東京日日新聞)』, 『야마토신문(やまと新聞)』, 『국민신문(國民新聞)』 에서 기자로 활동. 1928년 제16회 중의원 의원 총선거에 출마하여 당선. 제17회 중의원 의원 총선거 재선의 정치 경력 보유. 일찍이 1908년부터 '남양(南洋)' 각지를 순방하고 '남진사(南進社)', '남방산업조사회(南方産業調査會)'를 주재하 며 남방 정책에 대해 연구. 『남양행각지(南洋行脚誌)』(1910), 『남진책과 오가사 와라 군도(南進策と小笠原群島)』(1916), 『남양대관(南洋大觀)』(1934), 『대 남양 의 전모(大南洋の全貌)』(1942) 등 남양 관련 저서 다수.

역자 **김보현**

고려대학교 강사.

주요 논저에 『國民詩歌 : 1942년 11월호』(역락, 2015), 『단카(短歌)로 보는 경 성 풍경』(역락, 2016), 「한반도 간행 일본어 민간신문 속 하이쿠(俳句) 연구 : 『경성신보(京城新報)』(1907~1912)의 「時事俳評」을 중심으로」(『비교일본학』, 2019.6), 「短歌雜誌『ポトナム』の「京城発行所時代」以降(1923.6~1944.3)の史的展開 研究 : 朝鮮半島との関わりを中心に」(『일본학보』, 2020.8) 등이 있으며, 일제강점 기 동아시아에서의 일본 전통운문 장르에 대해 연구 중이다.

일본 동남아시아 학술총서 3

남양대관 2

2021년 4월 30일 초판 1쇄 펴냄

저 자 야마다 기이치
역 자 김보현
발행자 김흥국
발행처 도서출판 보고사

책임편집 이소희
표지디자인 손정자

등록 1990년 12월 13일 제6-0429호
주소 경기도 파주시 회동길 337-15 보고사
전화 031-955-9797(대표), 02-922-5120~1(편집), 02-922-2246(영업)
팩스 02-922-6990
메일 kanapub3@naver.com / bogosabooks@naver.com
http://www.bogosabooks.co.kr

ISBN 979-11-6587-174-1 94300
       979-11-6587-169-7 (세트)
ⓒ 김보현, 2021

정가 14,000원
사전 동의 없는 무단 전재 및 복제를 금합니다.
잘못 만들어진 책은 바꾸어 드립니다.